Die Revolutionäre von 1848 werden hinweggefegt.

Neff

GOTTFRIED HEINDL

Das ist kein Bild, das ist eine Kriegserklärung

oder

Europa in Anekdoten

PAUL NEFF VERLAG · WIEN

Ein Band aus der Reihe
KLEINE NEFF-BREVIERE
Hrsg. Karl Andreas Edlinger

ISBN 3-7014-0224-8

Einbandentwurf von Werner Sramek
Gesetzt aus der Borgis Garamond-Antiqua
Gedruckt und gebunden beim Wiener Verlag
Hergestellt im Auftrag des Paul Neff Verlages, Wien

Vorwort

Für die alten Griechen war Europa eine legendäre Königstochter, die vom Göttervater Zeus in Gestalt eines Stieres entführt wurde. Die Gegenwart sieht den Kontinent prosaischer. »Mit der europäischen Einigung«, sagte ein hoher Beamter des Auswärtigen Amtes in Bonn, »ist es wie mit einem Fahrrad. Man muß ständig strampeln, denn wenn es stehenbleibt, fällt es um.«

Gestrampelt wird schon lange, denn der Gedanke der europäischen Einigung ist nicht neu. Nach jedem großen Krieg, der den Kontinent entzweite, versuchte man, ihn wieder zu einen, wobei die Voraussetzung jeweils die Versöhnung zwischen den Erbfeinden diesseits und jenseits des Rheins war. So saßen nach den napoleonischen Kriegen Metternich und Talleyrand, nach dem ersten Weltkrieg Stresemann und Briand und nach dem zweiten Weltkrieg Adenauer und de Gaulle am Verhandlungstisch. Aber während die Sainte Alliance, die nach Napoleon, und die Paneuropabewegung, die nach Versailles kam, nicht lange währten, erweisen sich die europäischen Institutionen, die nach 1945 entstanden sind, als lebensfähig und dauerhaft: EWG und EFTA, ESA und EEC, EBI und CERN. Wie sehr Europa in den letzten Jahrzehnten eine Realität geworden ist, beweisen die vielen neuen Begriffe, die mit seinem Namen verbunden sind: Euratom und Eurodollar, Euroticket und Eurokommunismus, Europarlament und Europayer.

Mit der Zahl der Institutionen wächst freilich auch die Sorge, daß aus dem Traum vom einigen Europa der Alptraum einer allmächtigen Bürokratie werden könnte. So klagte der bayrische Finanzminister Huber einmal: »Das Vaterunser kommt mit 56 Worten aus, die Zehn Gebote brauchen 297 und die amerikanische Unabhängigkeitserklärung 300. Für die EWG-Verordnung über den Import von Karamelerzeugnissen sind dagegen 26.911 Worte erforderlich.«

Europa ist aber mehr als die Summe seiner politischen und bürokratischen Institutionen. Zumindest einmal im Jahr, zur Urlaubs-, Reise- und Festspielzeit, wenn Franzosen in Bayreuth, Italiener in Salzburg, Engländer in Spoleto und Deutsche in Avignon dirigieren, inszenieren und musizieren, wenn Pariser das Rijksmuseum und Amsterdamer den Louvre, Wiener die Uffizien und Florentiner die Albertina besuchen, wenn in der Trattoria am Gardasee das Schild »Hier kannst du futtern wie bei Muttern« und in der Patisserie in der Bretagne die Aufschrift »Tea like mother makes it any hour of the day« angebracht wird, ist Europa eine große, grenzüberschreitende Realität.

Dieses Buch versucht, einige Aspekte der Entwicklung des Kontinents in den 170 Jahren, die seit dem Wiener Kongreß vergangen sind, darzustellen; Entzweiung und Einigung, Auseinandersetzungen und Annährung, soziale Spannungen, ökonomische Sachzwänge und kulturelle Symbiosen. In mehr als fünfhundert Anekdoten kommen annähernd ebenso viele Persönlichkeiten zu Wort; Politiker, Diplomaten, Wissenschaftler und Künstler von A wie Adenauer, Konrad, bis Z wie Zweig, Stefan. Als Motto dieser Sammlung kann ein Wort von Richard Coudenhove-Kalergi, dem Begründer der Paneuropabewegung gelten: »Solange Tausende an Europa glauben, ist es eine Utopie, wenn Hunderttausende daran glauben, ist es ein Programm, sobald Millionen daran glauben, ist es eine Realität.« G.H.

KAPITEL I

Bei mir ist alles groß

oder

DAS EUROPA DER IMPERIALISTEN

Man brauchte kein Bismarck zu sein,
um diesen dümmsten aller Kriege zu
verhindern.

Albert Ballin im August 1914

Der Kaiser von Österreich, der Zar von Rußland, die Könige von Preußen, Bayern, Württemberg und Dänemark, Großherzöge, Kurfürsten, Erbprinzen und Landgrafen, – mehr als siebenhundert Delegierte, die über zweihundert Staaten, Städte und Gemeinschaften repräsentierten, traten im Jahre 1814 in Wien zusammen, um nach dem Zusammenbruch des napoleonischen Reiches über die Neuordnung Europas zu beraten. Aber diesem Wiener Kongreß erging es nicht anders als vielen europäischen Kongressen, die ihm folgten: Er kam nicht voran. Als man den preußischen Delegierten, *Wilhelm von Humboldt*, fragte, wann nach seiner Meinung die Beratungen zu Ende sein würden, antwortete er: »Fragen Sie mich lieber, wann sie überhaupt beginnen werden.«

Der Miniaturenmaler *Jean Baptiste Ismay*, hatte den Auftrag, von allen namhaften Delegierten Porträts anzufertigen. Auch Wilhelm von Humboldt, der ebenso häßlich wie geizig war, wurde von ihm porträtiert. Nachdem er sein Bild erhalten hatte, erklärte er: »Selbstverständlich habe ich dafür nichts bezahlt. Aber Ismay hat sich gerächt: Er hat mich sehr ähnlich gemalt!«

Der Kongreß verschlang Unsummen von Geld. Die täglichen Kosten wurden auf 500000 Gulden geschätzt; allein die Schnupftabakdosen, die man den Hauptdelegierten zum Geschenk machte, kosteten hundert Taler pro Stück. Der geizige Humboldt erhielt den Annenorden mit Brillanten und schrieb an seine Frau nach Hause: »Die Steine werde ich natürlich sofort verkaufen...«

In Europa gab es am Beginn des 19. Jahrhunderts noch unzählige Kleinstaaten und so schienen in der Liste der Delegierten des Wiener Kongresses, die der Herzog Albert von Sachsen-Teschen im Oktober 1814 erstellte, Namen auf, die man heute kaum noch kennt: Holstein-Gottorp-Oldenburg, Löwenstein-Wertheim-Freudenberg, Sachsen-Weimar-Eisenach, Reuß-Greiz und Reuß-Schleiz, Salm-Kyrburg, Schwarzburg-Sondershausen, Salms-Laubach. Bei der Anwesenheit so vieler kleiner und kleinster Dudodezfürsten waren protokollarische Schwierigkeiten unvermeidlich. Noch ärger als die Delegierten trieben es in allen Rangfragen ihre Damen, so daß der Graf *de la Garde*, einer der Chronisten des Kongresses, schließlich meinte: »Man sollte zur Verhütung des Rangstreites bei den Damen anordnen, daß jeweils die ältere den Vortritt hat. Dann wird ihn keine haben wollen!«

Die russische Delegation beim Wiener Kongreß war wahrhaft europäisch und supranational. Ihr gehörten u.a. der Rheinländer Nesselrode, der Pole Czartoryski, der Balte Stackelberg, der Schweizer La Harpe, der Korse Pozzo di Borgo, der Grieche Capodistria und der Elsässer Anstett an. Ihr Souverän, Zar *Alexander*, hielt allerdings wenig von diplomatischen Finessen, vor allem dann nicht, wenn er auf amouröse Abenteuer ausging. Bei einem Diner saß der Zar neben der schönen Gräfin *Szečheńyi-Guilford*, deren Gatte verreist war. »Ich höre Ihr Gemahl ist abwesend«, sagte Alexander. »Es würde mir ein Vergnügen bereiten, ihn zu vertreten.« Freundlich, aber bestimmt wies ihn die Gräfin zurecht: »Majestät verwechseln mich mit einer Provinz!«

Der endlose Verfahrensstreit am Beginn des Wiener Kongresses ging nicht zuletzt um die Anerkennung Frankreichs als gleichberechtigten Verhandlungspartner. *Charles Maurice de Talleyrand*, den Goethe den »Voltaire der Diplomatie« genannt hatte und der bereits den Bourbonen, der Republik und dem Kaiserreich gedient hatte, ehe er nun wieder die Interessen der Bourbonen vertrat, machte es seinen Kollegen nicht leicht. Österreichs Staatskanzler *Metternich*, lud ihn am Beginn der Beratungen zu einem vertraulichen Gespräch ein, an dem außer den beiden Staatsmännern nur der preußische Delegierte Hardenberg und der englische Außenminister Castlereagh teilnehmen sollten. Kaum hatte Talleyrand das Zimmer Metternichs betreten, als er sich bereits beschwerte: »Warum ist Hardenberg in der Begleitung von Humboldt erschienen?« »Weil Hardenberg schlecht hört«, erklärte man ihm. »Wenn das so ist«, meinte Talleyrand und schob seinen verkrüppelten Fuß vor, »so haben wir alle unsere kleinen Schwächen, deren wir uns bedienen können. Ich werde zur nächsten Sitzung den Herzog von Dalberg mitbringen!«

Bei der nächsten Zusammenkunft übergab man Talleyrand ein Besprechungsprotokoll, in dem Österreich, Preußen, Rußland und England als die »Alliierten« bezeichnet wurden. »Meine Herren«, entrüstete sich Talleyrand, »gegen wen sind Sie alliiert? Gegen Napoelon? Der ist in der Verbannung und hier nicht vertreten. Wenn es in Wien Alliierte gibt, dann habe ich auf diesem Kongreß nichts verloren.« Als man ihm erklärte, der Ausdruck Alliierte sei der Kürze wegen gewählt worden, antwortete Talleyrand: »Kürze sollte niemals auf Kosten der Genauigkeit gehen.«

Der britische Außenminister *Castlereagh*, der noch vor Beendigung des Kongresses nach London zurückgekehrt war, erhielt einen langen Brief seines stellvertretenden Delegationsführers, Lord *Clancarty*, der sich erbittert über das Verhalten Talleyrands beschwerte. Die Antwort Castlereaghs ließ nicht erahnen, daß die beiden Nationen wenige Jahrzehnte danach in einer »Entente cordiale« untrennbar miteinander verbunden sein würden. Er schrieb: »Ich bin ganz Ihrer Meinung, daß man sich auf Talleyrand nicht verlassen kann; und doch wüßte ich niemanden, auf den sein König sich eher verlassen könnte als auf ihn. Die Sache ist nämlich so: Frankreich ist eine Diebes- und Räuberhöhle, und deshalb können die Franzosen als Verbrecher auch nur von Verbrechern regiert werden!«

Als im Sommer des Jahres 1815 die Schlußakte des Wiener Kongresses unterzeichnet wurden, erfuhr die Landkarte Europas wesentliche Veränderungen. Die Niederlande und »Kongreßpolen« waren entstanden, Österreich und Preußen vergrößerten ihren Besitz, die Schweiz erhielt drei neue Kantone und an die Stelle des im Jahre 1806 untergegangenen Heiligen Römischen Reiches deutscher Nation trat der Deutsche Bund. Schöpfer dieser neuen Staatenordnung war nicht zuletzt der österreichische Staatskanzler Metternich, den man den »Kutscher Europas« nannte und der von sich selbstbewußt sagte: »Mein Kaiser tut immer das, was ich will, ich will aber auch immer nur das, was er tun sollte.«

In einer Reihe von kleineren Kongressen in Karlsbad, Troppau, Laibach und Verona versuchte Metternich, die in Wien begründete Staatenordnung zu untermauern. Dabei gaben die immer stärker werdenden nationalen Bestrebungen ebenso zur Sorge Anlaß wie die Zerfallserscheinungen des Osmanischen Reiches auf dem Balkan. »Finden Sie nicht auch, daß die Türkei ein kranker Mann ist?« fragte Zar Alexander einmal Metternich, der diese Frage aber zunächst überhörte. Als sie der Zar daraufhin wiederholte, antwortete Metternich mit der Gegenfrage: »Majestät, wenden Sie sich an den Arzt oder an den Erben?«

Bald darauf beklagte sich Metternich in einem Gespräch mit Franz I., daß das monarchische Prinzip immer mehr durch das Gerede von den nationalen Interessen und den Rechten der Völker gefährdet werde. Worauf ihm Kaiser Franz die Antwort gab: »Mein lieber Metternich, heutzutag' sind die Völker auch wer...«

Bald zeigte sich, wie recht der Kaiser gehabt hatte. In den Julitagen des Jahres 1830 mußte in Paris, wo nun wieder die Bourbonen herrschten, Karl X. unter dem Druck der Bevölkerung dem Bürgerkönig Louis Philippe weichen. Talleyrand überlebte auch diesen Wechsel des Regimes. In der Nacht, in der in den Straßen von Paris der Aufruhr tobte, saß er mit Freunden beim Whistspiel. Gefechtslärm, Glockengeläute und Siegesschrei drangen durch die Fenster, worauf er sagte: »Hört – wir siegen!« »Wer sind – wir?« fragten die Gäste. Talleyrands Antwort: »Das werde ich euch morgen sagen...!«

Von Frankreich breitete sich der Geist des Aufruhrs über ganz Europa aus. So veranstalteten im Mai 1832 der Redakteur Dr. Johann Georg August Wirth und der Zuchthausverwalter Dr. Philipp Jakob Siebenpfeiffer auf der Burgruine von Hambach in der Pfalz ein Volksfest, das zu einer mächtigen politischen Demonstration wurde. Vor dreißigtausend jubelnden Zuhörern rief der Schriftsteller *Ludwig Börne*, einer der neunzehn Redner des Festes, aus: »Bald wird ein Dutzend Eier teurer sein als ein Dutzend Fürsten...!«

Nicht nur politische, sondern auch wirtschaftliche Forderungen wurden auf dem Hambacher Fest erhoben. So sangen die Pfälzer Winzer, die über schlechten Absatz klagten und in Scharen auf die Ruine gekommen waren:

»Ja, wüßten wir, wer Schuld am Zoll nur wäre
Am Zoll auf unseren Wein
Und wär er auch ein Preuß, bei unserer Ehre
Er müßte in den Rhein.«

Um den Unmut der Massen besser unter Kontrolle halten zu können, hob der König von Hannover im Herbst 1837 die Verfassung seines Landes auf. Sieben Göttinger Professoren protestierten dagegen und dieser Protest, der in ganz Deutschland zirkulierte, wurde auch dem preußischen Innenminister zugesandt. In seiner Antwort fand sich eine Formulierung, die bald als die Redensart vom »beschränkten Untertanenverstand« weite Verbreitung fand. Der Brief des Ministers lautete: »Es ziemt dem Untertanen, seinem Könige und Landesherrn schuldigen Gehorsam zu leisten und sich bei Befolgung der an ihn ergehenden Befehle mit der Verantwortlichkeit zu beruhigen, welche die von Gott eingesetzte Obrigkeit dafür übernimmt; aber es ziemt ihm nicht, die Handlungen des Staatsoberhauptes an den Maßstab seiner beschränkten Einsicht anzulegen und sich in dünkelhaftem Übermute ein öffentliches Urteil über die Rechtmäßigkeit derselben anzumaßen. Berlin, den 15. Januar 1838. Der Minister des Innern und der Polizei: von Rochow.«

In Schlesien rebellierten die Weber im Jahre 1846 und brachten ihren Unmut in dem Lied zum Ausdruck:
»Ihr Schurken all, ihr Satansbrut,
Ihr höllischen Kujone,
Ihr freßt der Armen Hab und Gut,
Und Fluch wird euch zum Lohne!«

Im Jahre 1848 war es dann soweit, daß in ganz Europa die Revolution ausbrach. In Paris kämpfte auch der russische Anarchist Michael Bakunin mit. Seinen Beitrag zum Revolutionsgeschehen schilderte *Caussidière*, der Kommandant der Barrikaden, mit den Worten: »Am ersten Tag war er unbezahlbar. Am zweiten Tag hätte er bereits füsiliert gehört.«

In Wien, wo man den Staatskanzler Metternich, den verhaßten »Fürst Mitternacht« davongejagt hatte, wurde auf Antrag des jungen Abgeordneten Hans Kudlich die Befreiung der Bauern beschlossen. Als sich die versammelten Parlamentarier weigerten, im Wortlaut des Gesetzes dem Kaiser das Prädikat »von Gottes Gnaden« zuzubilligen, sagte der Fürst *Windischgrätz*, der bald darauf die Revolution blutig niederschlug: »Wenn sie von Gottes Gnaden nicht hören wollen, dann werden sie von Kanonen Gnaden hören müssen.«

Die Revolution in Wien schwankte zwischen Gemütlichkeit und Grausamkeit. *Johann Nestroy*, der zusammen mit dem Komiker Wenzel Scholz als Angehöriger der Bürgerwehr bei der Ferdinandbrücke Schildwache gestanden war, spottete: »Wir haben ein absolutes Tyrannerl, ein unverantwortliches Ministeriumerl, ein Bureaukratierl, ein Zensurerl, Staatsschulderln weit über unsere Kräfterln, also müssen wir auch die Revolutionerl, ein Konstitutionerl und endlich a Freiheiterl kriegen.«

Am 4. Oktober 1848 erschienen aber im Wiener »Studenten-Courier« die drohenden Verse:
»Weil denn die Herrn von besserem Blut
Die neue Zeit nicht lernen,
So hängt die Herren kurz und gut
Hoch, hoch an die Laternen!«

In Berlin wurden gegen die Revolutionäre Truppen unter dem Befehl des späteren Generalfeldmarschalls *Wrangel* eingesetzt. Die Aufständischen hatten angedroht, sie würden seine Frau gefangennehmen und notfalls aufhängen, falls man ihre Forderungen mit Waffengewalt unterdrücke. Als Papa Wrangel schließlich ziemlich unangefochten an der Spitze seiner Truppen durch das Brandenburger Tor in Berlin einzog, wandte er sich zu seinem Adjudanten um und fragte ihn gemütlich: »Ob se ihr nu wohl hängen...?«

Gemütlich ging es auch in Sachsen zu, wo man während der Revolution das Spottlied sang:
»Mer wollen keenen Berjerkrieg,
mer sin ja alle eenig.
Bei uns, da heests: Tod oder Sieg!
Mer schweeren vor de Rebublig
und unseren guden Geenig!«

In Italien war die Revolution zugleich eine nationale Erhebung gegen die Österreicher. In Rom zog die Menge vor die kaiserliche Botschaft im Palazzo Venezia, riß den Doppeladler über dem Eingang herab und ließ ihn durch einen Esel zur Piazza del Popolo schleifen, wo das Wappen verbrannt wurde. Als man auch noch den Esel in die Flammen werfen wollte, schrie der entsetzte Besitzer: »Der Esel ist Italiener!«

In Ungarn wurde der Aufstand von der kaiserlichen Armee im Verein mit russischen Interventionstruppen niedergeschlagen, was *Heinrich Heine* zu einem Gedicht veranlaßte, das mit den Versen schloß:
»... diesmal hat der Ochse gar
Mit Bären einen Bund geschlossen –
Du fällst, doch tröste dich, Magyar,
Wir andre haben schlimmre Schmach genossen.
Anständige Bestien sind es doch,
die ganz honett dich überwunden.
Doch wir geraten in das Joch
Von Wölfen, Schweinen und gemeinen Hunden ...«

Im August 1849 wurde in Paris ein Weltfriedenskongreß abgehalten. Präsident der Tagung war *Victor Hugo*, der in seiner Eröffnungsrede ausführte: »Ein Tag wird kommen, wo Ihr, Frankreich, Rußland, Ihr, Italien, England, Deutschland, all Ihr Nationen des Kontinents, ohne die besonderen Eigenheiten Eurer ruhmreichen Individualität einzubüßen, Euch eng zu einer höheren Gemeinschaft zusammenschließen und die große europäische Brüderschaft begründen werdet. Ein Tag wird kommen, wo man in den Museen eine Kanone zeigen wird, wie man heute dort ein Folterwerkzeug zeigt, voll Staunen, daß es so etwas gegeben

1 *Staatskanzler Clemens Wenzel Fürst Metternich, der „Kutscher Europas“*

2 Charles Maurice Talleyrand, nach Goethe der „Voltaire der Diplomatie"

hat. Franzosen, Engländer, Belgier, Deutsche, Russen, Slawen, Europäer, was haben wir zu tun, um möglichst bald diesen großen Tag zu erreichen? Uns zu lieben!«

Die Wirklichkeit sah anders aus. An die Stelle der großen europäischen Brüderschaft, die Victor Hugo erträumte, traten mehr denn je Chauvinismus, Imperialismus und Nationalismus. Cavour, der Einiger Italiens, Bismarck, der Schöpfer des Zweiten Reiches, Disraeli, Gladstone und Palmerston, die Herren des britischen Empires waren die überragenden Gestalten ihrer Zeit und im Zeichen der zunehmenden Demokratisierung mußten die Herrscher sehen, wie sie mit ihren Premierministern zurechtkamen. Als *William Gladstone* einmal mit einer Gesetzesvorlage bei Königin Victoria erschien, erklärte die Monarchin: »Ich unterschreibe nicht! Ich bin die Königin.« Gelassen erwiderte Gladstone: »Und ich bin das Volk! Unterschreiben Sie!«

Auch *Camillo Cavour* war ein sehr selbstbewußter Mann. Nach der Schlacht von Solferino mußte Österreich im Sommer 1858 die Lombardei preisgeben und damit war der Weg zur Einigung Italiens frei. Ein Jahr später kam Cavour nach Paris und stieg im Hotel Bristol ab. Als man ihn darauf hinwies, daß er im gleichen Appartement wohne, das kurz zuvor der österreichische Außenminister Buol bewohnt habe, sagte er anzüglich: »Ich bin es gewöhnt, von Österreichern aufgegebenes Gebiet in Besitz zu nehmen.«

Die Leistung Cavours war umso höher zu bewerten, als niemand an die Möglichkeit einer Einigung Italiens geglaubt hatte. Allenthalben hielt man sich an das apodiktische Wort des Staatskanzlers Fürst Metternich: »Italien ist ein geographischer Begriff...«

Die Italiener dachten kaum anders. So meinte der Dichter *Ugo Foscolo*, einer der Wegbereiter des Risorgimento: »Hundert Lykurge, zehntausend Timoleons, hunderttausend Washingtons und eine Million spartanischer Ritter vermöchten die Italiener nicht zu einem einzigen Volk zu verschmelzen.«

Selbst König Viktor Emanuel II. war skeptisch. Am Vorabend des Krieges von 1858 hatte er erklärt: »Geht es gut, bin ich nächstes Jahr König von Italien. Geht es schief, bin ich Herr Savoia.«

So wie die Einigung Italiens kam auch der Zusammenschluß Deutschlands im Kampf gegen die Habsburger zustande. Die Niederlage Österreichs bei Königgrätz im Jahre 1866 bedeutete das Ende des Deutschen Bundes und machte den Weg zum Aufstieg Preußens frei. Der österreichische Botschafter in Berlin, Graf *Karoly*, war am Beginn des Jahres 1866 bei *Bismarck* erschienen, um ihn zu fragen, ob er die Absicht habe, den Vertrag von Gastein zu brechen. Bismarck, der ein gewiefter Diplomat war, antwortete: »Nein, diese Absicht habe ich nicht. Aber glauben Sie, daß ich anders antworten würde, wenn ich die Absicht doch hätte?«

Bevor er sich gegen Österreich wandte, löste Bismarck durch den Krieg gegen Dänemark die schleswig-holsteinische Frage, über die später Lord Palmerston spottete: »Das Problem von Schleswig-Holstein ist so kompliziert, daß es nur drei Männer gibt, die es jemals verstanden haben. Der erste war ich, aber ich habe alles vergessen. Der zweite war ein deutscher Professor, aber der ist darüber verrückt geworden. Und der dritte war der Prinzgemahl Albert, aber der ist inzwischen gestorben.«

Im Krieg gegen Dänemark wurde bei der Erstürmung der Düppeler Schanzen am 18. April 1864 der preußische General *von Alten* tödlich verwundet. Als man ihn wegschaffen wollte, wehrte er mit den Worten ab: »Es war höchste Zeit, daß wieder einmal ein preußischer General für seinen König fiel.«

Gegen Dänemark kämpften Österreich und Preußen noch Seite an Seite, wobei es trotz der gemeinsamen Sprache zu Verständigungsschwierigkeiten kam. Ein preußischer Leutnant, den es irritierte, daß die Österreicher die Offiziere duzten, meinte schließlich zu einem Quartiernachbarn: »Gestatten Sie, Herr Kamerad, daß ich mich vorstelle: Freiherr von Itzenplitz.« Worauf der Österreicher lächelnd antwortete: »Also, wenn du das meinst, – ich bin der Prinz Liechtenstein.«

Im Krieg von 1870/71 ging das zweite Kaiserreich der Franzosen unter, und das von Bismarck geschaffene Zweite Reich der Deutschen entstand. Nach der vernichtenden Niederlage von Sedan, die mit der Gefangennahme und dem Sturz Napoleon III. endete, schrieb der Historiker *Adolphe Thiers* über die Fronten hinweg seinem deutschen Kollegen *Leopold von Ranke* einen Brief, in dem er ihn fragte: »Warum kämpfen Sie nach dem Zusammenbruch unserer Monarchie noch weiter?« Ranke schrieb zurück: »Wir kämpfen gegen Ludwig XIV.«

Rache war das vorherrschende Gefühl in Frankreich nach der Niederlage von 1870/71. Einer der prominentesten Repräsentanten des Revanchegedankens war der Kriegsminister General *George Boulanger*, dessen Tatendurst nur noch von seiner Eitelkeit übertroffen wurde. Bei einem Abendessen saß der General neben einer Dame, die ihm sagte: »Herr General, Sie haben sehr schöne Hände.« Geschmeichelt antwortete Boulanger: »Madame, Sie sollten meine Füße sehen!«

Während sich die europäischen Völker immer tiefer in nationalistischen Hader verstrickten, widmete sich England ungestört dem Ausbau seiner überseeischen Besitzungen. Einer der Baumeister des englischen Empires war *Cecil Rhodes*, der im Jahre 1902 in Muizenberg bei Kapstadt starb. Bei der Erwerbung der späteren Kolonie Rhodesien entsandte er einen Unterhändler zu dem Stammeshäuptling Gungunyana. »Ich hoffe«, sagte Cecil Rhodes bei der Verabschiedung, »daß Sie nicht verheiratet sind.« »Nein«, war die Antwort. »Ein Glück«, erwiderte Rhodes erleichtert. »Ich hasse nichts so sehr wie Witwen, die zu mir kommen und mir etwas vorweinen.«

Der junge *Somerset Maugham* begegnete auf einer Indienreise in Haiderabad dem Prinzen von Wales, dem späteren König *Eduard VII.*, der ihn zum Lunch einlud. Maugham berichtete, daß er aus Bombay komme, wo ihn der Britische Club zum Ehrenmitglied ernannt habe, und nunmehr nach Kalkutta fahre. »Sehr schön«, sagte der Prinz von Wales. »Ich nehme an, daß man Sie in Kalkutta ebenfalls zum Ehrenmitglied machen wird. Kennen Sie übrigens den Unterschied zwischen dem Club in Bombay und dem in Kalkutta?« Als Maugham verneinte, belehrte ihn der Prinz: »In dem einen werden weder Inder noch Hunde zugelassen. In dem anderen nur Hunde.«

Winston Churchill, der väterlicherseits von den Herzögen von Marlborough abstammte und dessen Mutter Amerikanerin war, zog 1900 im Alter von 26 Jahren in das Unterhaus ein. Dort stand gerade ein Gesetz zur Debatte, das die Regierung ermächtigen solle, unerwünschte Ausländer abzuschieben. Churchill agitierte gegen diese Vorlage. Als man den Herausgeber der »National Review«, *Leo Maxs*, fragte, was er von Churchills Kampagne halte, antwortete er: »Ich habe Verständnis dafür, daß Mr. Churchill gegen dieses Gesetz ist. Er ist zu fünfzig Prozent Ausländer und zu hundert Prozent unerwünscht.«

Churchill, der später selbst ein blendender Redner wurde, fragte bald nach seinem Einzug ins Unterhaus *Arthur Balfour*, ob er seine Reden sorgfältig vorbereite. Balfour antwortete mit einem klassischen Understatement: »Nein. Ich sage, was mir gerade einfällt und am Ende des ersten grammatikalisch richtigen Satzes setze ich mich nieder.«

Nachdem er die ersten Unterhausreden Churchills gehört hatte, meinte Balfour: »Früher hielt ich Winston für einen vielversprechenden jungen Mann. Jetzt sehe ich, daß er nur ein junger Mann mit vielen Versprechungen ist.«

Churchills Attacken wurden bald legendär. »Der ehrenwerte Abgeordnete«, antwortete er einmal einem Kritiker im Unterhaus, »läßt sich am besten als einer jener Redner beschreiben, die, ehe sie sich erheben, nicht wissen, was sie sagen werden, während sie am Wort sind, nicht wissen, was sie sagen, und wenn sie sich niedergesetzt haben, nicht wissen, was sie gesagt haben.«

Einmal unterhielt sich Churchill mit *Charles Masterman* über Keir Hardie, den Pionier der britischen Arbeiterbewegung. »Er mag kein großer Politiker sein«, sagte Masterman, »doch er ist ein guter Mensch und wird lange vor uns beiden in den Himmel kommen.« Worauf Churchill meinte: »Wenn der Himmel voll von Leuten wie Keir Hardie ist, kann sie der liebe Gott sich alle behalten!«

Erster Seelord und damit Befehlshaber der englischen Flotte, war Prinz *Louis Battenberg*, der eine Enkelin Königin Victorias geheiratet hatte und 1914 wegen seiner deutschen Abstammung zurücktreten mußte. Während einer Regatta in Cowes empfing Battenberg den Besuch eines deutschen Admirals, der ihm mit leisem Vorwurf sagte: »Hoheit, Ihr Platz wäre eigentlich im Deutschen Kaiserreich!« Worauf Battenberg erwiderte: »Als ich im Jahre 1868 in die Königlich Britische Flotte eintrat, gab es noch gar kein Deutsches Kaiserreich...«

In der Budgetdebatte des Jahres 1909 führte die liberale Regierung einen Zweifrontenkrieg: Für die Erhöhung der Marineausgaben und gegen das damals noch bestehende und zu erwartende Veto des Oberhauses.

Schatzkanzler *Lloyd George* packte das Problem frontal an und erklärte: »Ein voll ausgerüsteter Herzog kostet in der Erhaltung so viel wie zwei Schlachtschiffe; er ist ebenso furchteinflössend und außerdem wesentlich langlebiger.« Die Rede hatte ein Nachspiel: König Eduard VII. beschwerte sich beim Premierminister Asquith mit den Worten: »Ihr Schatzkanzler bedient sich des Jargons eines Fischhändlers.«

Allen Widerständen zum Trotz wurde angesichts der deutschen Aufrüstung zur See ein großzügiges Flottenprogramm beschlossen. Winston Churchill erzählte später darüber: »Die Admiralität hatte sechs Schlachtschiffe verlangt, die Sparmeister wollen vier bewilligen und als Kompromiß einigten wir uns schließlich auf acht Schlachtschiffe...«

Als Innenminister hatte Churchill im Jahre 1910 mit einer Abordnung irischer Rebellen zu verhandeln, die gegen die Zusage freien Geleits nach London gekommen waren. Churchill empfing seine Gesprächspartner mit äußerster Liebenswürdigkeit. Ihr Wortführer, *Michael Collins*, verhielt sich aber recht reserviert und meinte: »Mr. Churchill, Sie dürfen nicht vergessen, daß Ihre Regierung auf meinen Kopf einen Preis von fünfhundert Pfund ausgesetzt hat!« »Fünfhundert Pfund!« erwiderte Churchill strahlend. »Sie Glücklicher! Wie ich in Pretoria den Buren entwischt bin, war ich ihnen nur fünfundzwanzig Pfund wert!«

Churchill interessierte sich frühzeitig für außenpolitische Fragen. So machte er sich Sorgen über den von den Deutschen geplanten Bau der Bagdad-Bahn und als er im Sommer 1910 die Türkei besuchte, schlug er dem dortigen deutschen Botschafter, *Karl Wilhelm Marschall von Bieberstein*, vor, England und Deutschland sollten die Bahn gemeinsam betreuen. »Wenn man sich gerade ein Bett gemacht hat«, erwiderte der Botschafter, »hat man keine besondere Lust, wieder aufzustehen und jemand anderem Platz zu machen.« Churchill gab aber nicht auf und meinte: »Es soll vorkommen, daß zwei Leute in einem Bett liegen: Mann und Frau!«

Im London der Jahrhundertwende schlug die Geburtsstunde der modernen Massenpresse. Erste Repräsentantin des neuen Zeitungstyps war die im Jahre 1896 vom späteren *Lord Northcliffe* gegründete »Daily Mail«, von der *Lord Salisbury* gesagt hatte, sie sei »von Laufburschen für Laufburschen geschrieben.« Von Lord Northcliffe seinerseits stammt die klassisch gewordene Definition der Nachricht: »Wenn ein Hund einen Menschen beißt, so ist dies keine Nachricht. Aber wenn ein Mensch einen Hund beißt, – das ist eine Nachricht!«

Vor dem ersten Weltkrieg lebten in London viele russische Emigranten, darunter auch *Vera Iwanowa Sassulitsch*, die Weggefährtin Lenins, Plechanows und Axelrods. Vera Iwanowa, die mit 27 Jahren Rußland verlassen hatte, wohnte in einem winzigen, nie aufgeräumten, stets von Zigarettenrauch erfüllten Zimmer. Eines Tages erhielt sie den Besuch einer Dame der Gesellschaft. Fasziniert sah die Besucherin zu, wie die Sassulitsch auf einem Spirituskocher Fleisch briet und, sobald ein Teil gar war, mit einer Schere kleine Stückchen abschnitt und sie verzehrte. Schließlich fragte die Dame: »Sagen Sie, Vera, wie lange braten Sie eigentlich

Fleisch?« »Das kommt ganz darauf an«, sagte die Sassulitsch. »Wenn ich hungrig bin, etwa zehn Minuten. Wenn nicht – ein bis zwei Stunden.«

Man kann sich kaum einen größeren Gegensatz vorstellen als zwischen dem England Eduard VII. und dem Deutschland Kaiser *Wilhelm II.* Eduard VII. war die Verkörperung des britischen Understatement, Wilhelm II. wohl das Gegenteil. Eines Tages ließ der Kaiser wegen einer Erkältung seinen Leibarzt rufen. »Ein kleiner Schnupfen nur, Majestät«, tröstete der Arzt seinen Patienten. Da richtete sich Wilhelm II. auf, sah den Leibarzt ernst an und belehrte ihn: »Ein großer Schnupfen! Bei mir ist alles groß!«

Eduard VII. konnte seinen reiselustigen Neffen Wilhelm II., im Familienkreis schlicht Willi geannt, nicht leiden. Dementsprechend erschien im August 1906 in den »Berliner Lustigen Blättern« eine Karikatur, die den englischen König beim Studium einer Landkarte zeigte. Der dazu gehörende Text lautete: »Wie gelange ich nach Marienbad, ohne meinem lieben Neffen zu begegnen? Vlissingen, Antwerpen, Calais, Rouen, Madrid, Lissabon, Nizza, Monaco – alles ganz unsicher. Ich hab's! Ich fahre einfach über Berlin, denn dort treffe ich ihn bestimmt nicht!«

Wilhelms Mutter, eine Schwester Eduard VII., pflegte über ihren Sohn zu sagen: »Der ideale Ministerpräsident für ihn wäre eine Mischung von Jules Verne, Randolph Churchill, General Boulanger, Richard Wagner und einem amerikanischen Expeditionsreisenden.«

Der Kaiser vertrug keine Kritik. Als sich Wilhelm II. wieder einmal über einen Zeitungsartikel geärgert hatte, erschien eine Deputation bei ihm, um mitzuteilen, daß die Stadt Berlin beschlossen habe, den von Begas geschaffenen Springbrunnen vor dem Schloß dem Monarchen zum Geschenk zu machen. Wilhelm nahm die Mitteilung kaum zur Kenntnis und entließ die Stadtväter ungnädig. Seither sagten die Berliner, wenn jemand auf eine erwiesene Freundlichkeit undankbar reagierte: »Wat denn! Ick habe Ihnen ja keenen Springbrunnen jeschenkt!«

In einer Rede vor dem brandenburgischen Adel apostrophierte Wilhelm II. seine Zuhörer mit den Worten: »Sie, die Edelsten der Nation«, ohne die übrigen Stände auch nur zu erwähnen. Die allgemeine Verärgerung war groß und der Berliner Witz reagierte prompt. Ein Ungar, so erzählte man sich, fragte auf dem Kurfürstendamm einen Passanten: »Bitta scheen, wo is hier derr Brandenburger Tor?« Worauf er zur Antwort bekam: »Unterstehen Sie sich, Seine Majestät zu beleidigen!«

Weil der Kaiser glaubte, alles besser zu können, erzählte man: Die Kaiserin sagt zu ihrem Gatten: »Ach, Wilhelm, sei so gut, fahre nach Potsdam und sieh nach, was die Kinderchen machen.« Wilhelm fährt und schickt nach kurzer Zeit ein Telegramm: »Amme soeben zerschmettert. Säuge selbst.«

Und weil der Kaiser auch glaubte, alles besser zu wissen, sagte man: »Kennen Sie den Unterschied zwischen Gott und dem Kaiser? Der liebe Gott weiß alles; der Kaiser weiß alles besser.«

Im Salon der deutschen Botschaft in Paris hing ein überlebensgroßes Gemälde Wilhelm II., das den Kaiser in der Paradeuniform des Garde du Corps mit schwarzem Küraß, Purpurmantel, Goldhelm und Marschallstab zeigte. Der französische Kriegsminister *Gallifet* war in der Botschaft zu Gast. Auf dem Weg in das Eßzimmer blieb der Botschafter mit seinem Besucher vor dem Gemälde stehen. Langes Schweigen, bis der Botschafter schließlich fragte: »Wie gefällt Ihnen das Bild?« Abermals langes Schweigen, bis Gallifet schließlich sagte: »Bild? Das ist kein Bild, das ist eine Kriegserklärung!«

Zur gleichen Zeit urteilte Oberst *Steffel*, der französische Militärattaché in Berlin: »Preußen ist kein Staat, der sich eine Armee hält, sondern eine Armee, die sich einen Staat hält.«

Inbegriff des preußischen Soldatentums war *Alfred von Schlieffen*, Chef des Generalstabes von 1881 bis 1905, Schöpfer des nach ihm benannten Schlieffen-Planes für den Fall des Krieges mit Frankreich. Schlieffen war ein Besessener seines Berufes. Nach einer nächtlichen Übung in Ostpreußen ritt er mit seinem Adjudanten dem Pregel entlang der aufgehenden Sonne entgegen. »Finden Exzellenz nicht auch«, meinte der Adjudant, »daß der Fluß im Morgenrot einen herrlichen Anblick bietet?« Schlieffen blickt kurz auf den Fluß und dann kam ebenso kurz und streng die Antwort: »Als Hindernis ohne jede Bedeutung...«

Nachfolger Schlieffens wurde Generaloberst *Helmuth von Moltke*, ein Neffe des berühmten Feldmarschalls. Moltke, der sich der Stellung des Generalstabschefs nicht gewachsen fühlte, sagte anläßlich seiner Ernennung zu Wilhelm II.: »Majestät, in derselben Lotterie gewinnt man nicht zweimal das große Los!«

Die Angst vor einer deutschen Vorherrschaft vereinte England und Frankreich, die jahrhundertelang »Erbfeinde« gewesen waren zur Entente cordiale. Im Jänner 1910 kam der britische Generalstabschef *Wilson* nach Paris und fragte General *Foch*: »Was ist das kleinste britische Kontingent, das Ihnen im Falle eines Krieges mit Deutschland helfen könnte?« Nach einer Sekunde des Überlegens antwortete Foch: »Ein einziger britischer Soldat – und wir werden dafür sorgen, daß er fällt.«

Auch Rußland wandte sich nach der Nichtverlängerung des von Bismarck entrierten Rückversicherungsvertrages seinem einstigen Gegner Frankreich zu. Bereits im Jahre 1889 war eine russische Eskader zu einem demonstrativen Besuch nach Toulon gekommen. Als man den Kommandanten dieses Eskaders bestellte, fragte *Alexander III.*, der offensichtlich nicht viel von den diplomatischen Fähigkeiten seiner Marineure hielt, welcher Admiral nicht französisch spreche. Man nannte ihm den Admiral Avellan, und der Zar sagte: »Den nehmen wir. Der wird am wenigsten reden.«

Einer der Architekten des russisch-französischen Bündnisses wurde *Alexander Iswolski*, von 1906 bis 1910 Außenminister und Ministerpräsident und anschließend Botschafter in Paris. Iswolski war Botschafter in Kopenhagen, als im Jahre 1906 im russischen Auswärtigen Dienst ein größeres Revirement bevorstand, von dem er sich eine Versetzung nach

Berlin oder Rom erhoffte. Iswolski hatte deshalb mit einem Freund im Petersburger Außenamt eine verschlüsselte Benachrichtigung vereinbart. Ging es nach Rom, sollte er ein Telegramm mit dem Wort »Makkaroni« erhalten, war Berlin ausersehen, sollte das Stichwort »Sauerkraut« lauten. Als der Freund erfuhr, daß Iswolski als Außenminister vorgesehen war, kabelte er nach Kopenhagen: »Kaviar.«

Europa stand am Beginn des 20. Jahrhunderts im Zeichen von zwei seltsamen Bündnissen: Auf der einen Seite die Ententemächte Frankreich samt seinen Gegnern aus den napoleonischen Kriegen England und Rußland, und auf der anderen Seite der Dreibund mit Österreich-Ungarn und seinen Gegnern aus dem Kriege von 1866 Preußen-Deutschland und Italien. Nicht genug damit: Innerhalb der Habsburgermonarchie gab es viele Deutschnationale, die nichts sehnlicher wünschten als die Vereinigung mit dem Deutschen Reich und italienische Irredentisten, die den Anschluß an Italien wollten. Einer von ihnen war der spätere Ministerpräsident *Alcide de Gasperi*, der im Jahre 1904 als Hörer der juristischen Fakultät der Universität Innsbruck zusammen mit anderen studierenden Landsleuten an einer Demonstration für die Errichtung einer italienischen Universität in Trient teilgenommen hatte. Er wurde zusammen mit seinen Kollegen verhaftet und zu vier Wochen Arrest verurteilt, die er im Innsbrucker Landesgericht absaß. Dort brachten die Studenten an der Wand ihrer Zelle eine Tafel mit der Inschrift an: »Italienische juristische Fakultät des k. u. k. Gefängnisses Insbruck.«

Mit der gleichen Hingabe, mit der die italienischen Irredentisten nach Süden blickten, wandten sich die Deutschnationalen nach Norden. Die Gefühle, die sie bewegten, faßte der Prager Student *Josef Willomitzer* im Jahre 1880 in die Verse zusammen:

»Wir schielen nicht, wir schauen,
Wir schauen unverwandt,
Wir schauen voll Vertrauen,
Ins deutsche Vaterland.«

An der Spitze der Vielvölkermonarchie stand Kaiser Franz Joseph I., den Alter und Schicksalsschläge weise und tolerant gemacht hatten. Bei einem Empfang für die Teilnehmer eines internationalen Juristenkongresses in der Hofburg unterhielt sich der Kaiser, der eben von einem sehr angenehmen Privataufenthalt in der Schweiz zurückgekehrt war, längere Zeit mit einem Universitätsprofessor aus Zürich. Nachher ging dieser Schweizer Delegierte zum Präsidenten des Reichsgerichtes, *Dr. Josef Unger*, und sagte: »Exzellenz, wenn Seine Majestät noch eine Viertelstunde mit mir gesprochen hätte, wäre ich Monarchist geworden.« Bei der nächsten Audienz berichtete Unger den Vorfall dem Kaiser, worauf Franz Josef sagte: »Mein lieber Unger, wenn ich noch eine Woche länger in der Schweiz geblieben wäre, wäre ich Republikaner geworden.«

Im Jahre 1908 wurde der sozialdemokratische Abgeordnete *Pernerstorfer* zum Vizepräsidenten des Abgeordnetenhauses gewählt und sollte in dieser Eigenschaft den Antrittsbesuch beim Kaiser Franz Josef I. machen. Daraufhin wurde im sozialdemokratischen Parteivorstand und in der »Arbeiter-Zeitung« lebhaft darüber debattiert, ob »Hofgang« stattfinden solle.

Zum Unwillen seiner Freunde ging Pernerstorfer in die Hofburg. Als sich der diensthabende Flügeladjudant nachher die Frage erlaubte, wie die Audienz verlaufen sei, meinte Franz Joseph: »Der Herr Pernerstorfer war sehr nett mit mir.«

In Wien saßen um die Jahrhundertwende viele Zerstörer alter und Erbauer neuer Welten. Eines war ihnen gemeinsam: Die Wiener nahmen sie nicht ernst. *Leo Trotzki* redigierte in Wien die Exilausgabe der »Prawda« und war außerdem leidenschaftlicher Kaffeehausbesucher und Schachspieler. Als einmal in einer Gesellschaft über die Revolutionsgefahr in Rußland gesprochen wurde, meinte der Sektionschef im Außenministerium, *Baron von Schlechta*: »Revolution in Rußland? Ja, wer soll die denn machen? Vielleicht der Herr Trotzki aus dem Kaffee Zentral...?«

Auch der junge *Nikolai Bucharin* hielt sich in Wien auf, wo ihn die konspirative Tätigkeit so erschöpfte, daß er einem Nervenzusammenbruch nahe war. Er wandte sich deshalb an *Dr. Alfred Adler*, den nachmaligen Schöpfer der Individualpsychologie, der ihm den simplen Rat gab, sich ein Mädchen zu nehmen. Als Adler einige Zeit später fragte, ob das Mittel geholfen habe, antwortete Bucharin strahlend: »Großartig! Wir haben die ganze Nacht über die Kapitaltheorie von Rosa Luxemburg diskutiert!«

Der Feuilletonredakteur der »Neuen Freien Presse«, *Theodor Herzl*, wurde, nachdem er seine ursprünglichen Pläne von einem kollektiven Übertritt der Juden zum katholischen Glauben aufgegeben hatte, der Vorkämpfer des Zionismus und trat in Wort und Schrift für die Schaffung eines Judenstaates ein. Die Wiener spotteten über seine Ideen, indem sie fragten: »Wissen Sie, was Zionismus ist?« Antwort: »Wenn ein Jud' einen zweiten Juden anschnorrt, damit ein dritter Jud' nach Palästina fahren kann.«

Ewiger Unruheherd Europas war der Balkan. Nach dem türkisch-russischen Krieg hatte man zwar versucht, auf dem Berliner Kongreß des Jahres 1878 im Südosten eine neue Ordnung zu schaffen, doch vor allem die von den Türken in Bulgarien begangenen Übergriffe wirkten lange nach und riefen in ganz Europa Empörung hervor. Im englischen Unterhaus hatte sich Premierminister *William Gladstone* mehrmals mit diesen Untaten befaßt und schließlich auch ein längeres Pamphlet über die »bulgarischen Greuel«, wie sie allgemein genannt wurden, verfaßt. Darauf spottete sein Gegenspieler, *Benjamin Disraeli*: »Von allen bulgarischen Greueln sind die von Gladstone verfaßten die schlimmsten!«

Die Sitten auf dem Balkan waren recht rauh. So wurde der Mazedonier *Mihailoff* eines Tages gefragt: »Warum haben Sie eigentlich Ihren Rivalen Protogeroff ermorden lassen?« Mihailoffs Antwort: »Weil ich nicht wollte, daß man Protogeroff eines Tages fragt warum er mich ermorden ließ.«

Der bulgarische Politiker *Stefan Stambuloff* hatte als Leibwächter einen pardonierten Banditen, den er vor dem Galgen bewahrt hatte. Zur Einführung in sein Amt hatte ihm Stambuloff gesagt: »Ich habe dir das Leben geschenkt. Du wirst dafür sorgen, daß ich das meine nicht verliere.«

3 Benjamin Disraeli, der Staatsmann des britischen Imperialismus

4 Papst Leo XIII. und Reichskanzler Bismarck, die Antagonisten im Kulturkampf

König *Carol I. von Rumänien* empfing eines Tages eine Abordnung von Bojaren. »Warum blicken Majestät so ernst?« fragte der Führer der Delegation. Sorgenvoll erwiderte der aus Sigmaringen stammende Hohenzollernfürst: »Weil es so schwer ist, diesem Land Ordnung zu bringen.« Worauf die Bojaren wie aus einem Munde riefen: »Aber, Majestät, wir wollen ja gar keine Ordnung!«

Der serbische Ministerpräsident *Nikola Paschitsch* gewährte einmal in Gegenwart eines Freundes einem ausländischen Journalisten ein Interview. Auch seine Gattin erschien und wurde vorgestellt: »Meine Frau Militza.« Nachdem der Journalist gegangen war, sagte der Freund: »Deine Frau heißt doch Djurdina!« Worauf ihn Paschitsch belehrte: »Journalisten sind eitel. Der Mann erwähnt sicher, daß er meine Frau Militza kennengelernt hat. Paßt mir sein Interview ist es gut. Paßt es mir nicht, erkläre ich, daß es von A bis Z erlogen ist. Beweis: Der Mann weiß nicht einmal, daß meine Frau Djurdina heißt!«

Über König *Nikita von Montenegro* und seinen Hof wurden viele, nicht immer ganz wahre Geschichten erzählt. Einmal soll auf einem Empfang in der Hauptstadt Cetinje ein ausländischer Gast seine goldene Taschenuhr vermißt haben. Aufgeregt wandte er sich an den königlichen Adjudanten, der ihn fragte: »Mit wem haben Sie zuletzt gesprochen?« »Mit diesem Herrn dort«, erwiderte der Gast, »aber ich verstehe nicht...« »Ah, mit Seiner Exzellenz, dem Herrn Finanzminister«, sagte der Adjudant und verschwand in der Menge. Nach kurzer Zeit kam er zurück und überreichte mit eleganter Verbeugung das kostbare Stück. »Wo haben Sie denn die Uhr her?« fragte der Gast verblüfft. Lächelnd erwiderte Adjudant: »Ich habe sie ihm auch gezogen...«

Am 8. Oktober 1912 erkärte Montenegro der Türkei den Krieg. Bulgarien, Griechenland und Serbien schlossen sich an; der erste Balkankrieg war ausgebrochen. Einen Tag nach dem Beginn der Kämpfe erhielt das Kriegsministerium in Cetinje ein Telegramm zweier Montenegriner, die sich in Griechenland aufhielten: »Sollen wir nach Cetinje einrücken oder sollen wir die Türken in der Flanke angreifen?«

Nach dem Balkankrieg fand im französischen Parlament eine Wehrdebatte statt, in deren Verlauf angesichts der Feuerkraft, Reichweite und Zielgenauigkeit der modernen Gewehre vorgeschlagen wurde, die weithin sichtbaren roten Hosen durch ein weniger auffälliges Tuch zu ersetzen. »Die roten Hosen abschaffen!?!« rief daraufhin der Abgeordnete *Ettienne*, ein ehemaliger Kriegsminister. »Niemals! Die rote Hose ist Frankreich!«

Angesichts der immer größer werdenden Kriegsgefahr fanden 1898 und 1907 in Den Haag Konferenzen der europäischen Staaten statt, um über die Fragen der Abrüstung und der Erhaltung des Friedens zu beraten. Über das Schicksal dieser Bemühungen fällte der russische Botschafter *Graf Benckendorff* in einem Bericht an seinen Außenminister Iswolski das lapidare Urteil: »Es wird mit einem Begräbnis erster Klasse enden. Für jedes Schlachtschiff, das die Deutschen bauen, bauen die Engländer zwei. Das ist das Problem. Alles andere ist Geschwätz!«

Benckendorff hatte nur allzu recht. Als man Wilhelm II. die Ergebnisse der Haager Besprechungen vorlegte, versah er sie mit einer seiner berühmten Marginalien: »In meiner Praxis werde ich mich für später nur auf Gott und mein scharfes Schwert verlassen und berufen! Und scheiße auf die ganzen Beschlüsse!«

So trieb Europa in den Krieg. Im Juli 1914, in den Tagen der ersten Begeisterung, spielten die Orchester in den großen Restaurants von Paris die Marseillaise, God save the king und die Zarenhymne. »Ist es nicht wunderbar?!?« rief ein Pariser begeistert aus. »Ja«, bemerkte sein Nachbar, »vor allem, wenn man bedenkt, daß die Musiker alle Ungarn sind...«

Mit der Begeisterung kam auch der Haß. Nachdem die deutschen Armeen in Belgien einmarschiert waren, weigerte sich der Pianist *Artur Rubinstein*, jemals wieder in Deutschland zu spielen. »Ich spiele in allen Ländern der Welt«, erklärte er, »bis auf zwei: Nicht in Tibet, weil es zu hoch ist, und nicht in Deutschland, weil es zu niedrig ist.«

In Deutschland erklärte der Schriftsteller *Ludwig Fulda*: »Und falls es uns glückt, England niederzuzwingen, dann meine ich, wir sollten in den Friedensvertrag eine Klausel setzen, wonach William Shakespeare auch formell an Deutschland abzutreten ist.«

In England war der Haß gegen alles Deutsche so groß, daß König *Georg V.* schließlich den Namen seines Hauses von Sachsen-Coburg-Gotha in Windsor umwandelte. Als Wilhelm II. davon erfuhr, spottete er: »In Zukunft werden wir statt den ›Lustigen Weibern von Windsor‹ die ›Lustigen Weiber von Sachsen-Coburg-Gotha‹ aufführen!«

Die Namensänderung hielt den englischen Schriftsteller *H. G. Wells* nicht davon ab, einen Brief an die »Times« zu richten, in dem er sich darüber beklagte, daß England von einem »ausländischen und langweiligen Hof« beherrscht werde. Nachdem Georg V. den Brief gelesen hatte sagte er erbost zu einem Besucher: »Ich bin vielleicht langweilig, aber ich will verdammt sein, wenn ich Ausländer bin!«

Lenin wurde bei Kriegsausbruch von der österreichischen Polizei in Galizien festgehalten. Telegraphisch wandte er sich an *Viktor Adler*, den Führer der österreichischen Sozialdemokraten, um Hilfe. Adler ging mit dem sozialdemokratischen Abgeordneten Diamand zum Minister des Inneren und ersuchte mit dem Hinweis auf Lenins politische Einstellung um dessen Freilassung. »Können Sie garantieren, daß dieser Uljanow ein Gegner des Zarismus ist?« fragte der Innenminister. »Exzellenz«, antwortete Adler, »Lenin war bereits ein Feind des Zaren, als Eure Exzellenz noch dessen Freund waren. Er ist jetzt sein Feind, da auch Euer Exzellenz dessen Feind sind. Und er wird noch immer ein Feind des Zaren sein, wenn Eure Exzellenz vielleicht schon wieder sein Freund sein werden.«

Italien blieb bei Kriegsausbruch mit der Begründung, daß es sich um einen Angriffskrieg handle und der Dreibund ein Defensivbündnis sei, neutral. Gleichzeitig beanspruchte es für den Fall österreichisch-ungarischer Eroberungen auf dem Balkan Kompensationen. Indigniert berichtete der k.u.k. Botschafter in Rom, Herr von *Merey*, nach Wien: »Das ist so, wie wenn ein Mann in die Donau fällt, um Hilfe ruft und sein Freund, der am Ufer steht, sagt ihm: ›Ich ziehe dich nicht heraus. Ziehst du dich aber selbst heraus, zahlst du mir eine Entschädigung.‹«

Der deutsche Vormarsch im Westen kam im September 1914 an der Marne zum Stehen. Nachher unterhielten sich zwei französische Generalstabsoffiziere über den Einsatz der sechshundert Pariser Taxis, die Reserven an die Front gebracht und damit die Schlacht entschieden hatten. »Die Idee war ausgezeichnet«, sagte der eine, »aber die Truppen sind in fürchterlicher Unordnung an die Front gekommen.« »Das war nicht anders zu erwarten«, sagte sein Kamerad. »Sie kennen doch die Pariser Taxifahrer. Natürlich haben sie während der ganzen Fahrt versucht, sich gegenseitig zu überholen!«

Im Osten gelang es den deutschen Truppen den russischen Vormarsch bei Tannenberg durch eine Kesselschlacht zum Stillstand zu bringen. Nachher wurde viel darüber diskutiert, wem die Vernichtung der russischen Armeen eigentlich zu danken sei: Hindenburg, seinem Generalstabschef Ludendorff oder dem Ia, Oberst Hoffmann. *Hindenburg* entschied die Debatte mit den Worten: »Ich weiß auch nicht, wer die Schlacht von Tannenberg gewonnen hat. Ich weiß aber, wer sie verloren hätte!«

Hindenburg und Ludendorff wurden durch den Sieg von Tannenberg mit einem Schlag berühmt, ohne daß man sie vorerst näher kannte. So verkündete in Wien ein böhmisches Dienstmädchen aufgeregt seiner Dienstherrschaft: »Gnä Frau, hams g'hert, scho wieda a großer Sieg von Hütteldorf und Lundenburg...«

Die österreichisch-ungarische Armee hatte zwar in den ersten Kriegstagen in Galizien zwei russische Armeen geschlagen, mußte jedoch später der Übermacht weichen und Lemberg räumen. Deutsche Truppen kamen zu Hilfe, bestanden aber auf eigenem Oberbefehl. Als sich die österreichischen Befehlshaber daraufhin bei ihrem Generalstabschef beschwerten, antwortete ihnen *Conrad von Hötzendorf*: »Meine Herren, wenn man sich die Pferde ausborgt, darf man sich nicht beschweren, wenn der Kutscher mitgeschickt wird.«

In England nahm der Erste Seelord Winston Churchill einen weit über sein Ressort hinausgehenden Anteil an der Kriegsführung. Nach dem gescheiterten Gallipoli-Abenteuer mußte er seinen Abschied nehmen, was Premierminister Lloyd George mit den Worten kommentierte: »Winston hat für jedes Problem zehn brillante Lösungen. Eine davon ist die richtige. Leider weiß er nie, welche.«

Im ersten Weltkrieg dienten viele junge Offiziere, die in den Jahren danach zu internationalem Ansehen gelangten. So nahm der spätere Generalfeldmarschall *Bernard Montgomery* als Brigadeadjudant an der Sommeschlacht 1916 teil. Der Angriffsspitze der Brigade war eine Brieftaube mitgegeben worden, und beim Brigadestab wartete man gespannt auf die erste Meldung. Endlich erschien der Vogel am Horizont, wurde eingefangen und Montgomery reichte seinem Kommandeur die Meldung. Erbleichend las der General:

»Ich habe es satt, diesen verdammen Vogel durch halb Frankreich zu schleppen!«

Duff Cooper, der spätere Viscount Norwich, zensurierte als Kompagnieführer in Frankreich die Briefe seiner Soldaten. Eine Briefstelle beeindruckte ihn so sehr, daß er sie in sein Tagebuch aufnahm. Der Soldat hatte geschrieben: »Viele Schiffe wurden gebraucht, um die englische Armee nach Frankreich zu bringen. Für den Heimtransport werden zwei genügen: Eines für die Lebenden und eines für die Erkennungsmarken der Toten.«

Harold MacMillan, der bei der Garde diente, wurde bei einem Sturmangriff vor Ypern am Bein verwundet. Nachdem er es sich in einem Granattrichter bequem gemacht hatte, zog er eine Taschenausgabe des Aischylos heraus und begann zu lesen. Plötzlich wurde er durch die Stimme seines Kompagniefeldwebels aufgeschreckt, der in strammer Haltung am Rande des Trichters stand und sagte: »Erbitte Genehmigung zum Wegtragen, Sir!« »Genehmigung erteilt!« erwiderte MacMillan, klappte den Aischylos zu und ließ sich ins Lazarett tragen.

Julius Raab, österreichischer Bundeskanzler von 1953 bis 1961, diente im ersten Weltkrieg als Sappeuroffizier an der Südfront. Dort hatte er einmal nächtlicherweise den Generalstabsoffizier der Isonzoarmee, Oberst *Theodor Körner*, den spätern Bundespräsidenten von Österreich, durch die Stellungen zu führen. Trotz heftigen gegnerischen Artilleriefeuers schritt Körner aufrecht dahin und Raab folgte seinem Beispiel. Bei einem besonders heftigen Feuerüberfall konnte sich Körner allerdings nicht enthalten zu sagen: »Generalstabsoffiziere gibt es ja genug, aber die guten Sappeuroffiziere werden allmählich rar!«

Der spätere Oberbürgermeister von Berlin, *Ernst Reuter*, wurde an der Ostfront gefangen, kam ins Lager Pereslawl-Salesski nördlich Moskau und begann dort Russisch zu lernen. Bald konnte er jeden Abend seinen Kameraden die Verlesung und Kommentierung der Nachrichten aus der russischen Presse bieten. Die Mitgefangenen revanchierten sich mit einem Schildchen über Reuters Pritschenplatz; Aufschrift: »Reuter-Büro.«

Als im Sommer 1917 Max Wallraf als Staatssekretär in das Innenministerium nach Berlin berufen wurde, sollte der Beigeordnete *Konrad Adenauer* sein Nachfolger als Oberbürgermeister von Köln werden. Adenauer war kurz zuvor Opfer eines schweren Autounfalls geworden, bei dem er entstellende Kopfverletzungen davongetragen hatte. Da man befürchtete, Adenauer könnte auch Gehirnschäden erlitten haben, wurden die Stadtverordneten Mönnig und Rings beauftragt, in vorsichtiger Weise den Gesundheits- und Geisteszustand des Kandidaten zu erforschen. Adenauer empfing die beiden Abgesandten freundlich, kam aber bald dahinter, was ihre behutsamen Fragen bezweckten. »Meine Herren«, sagte er nach kurzem Gespräch, »ich kann Ihre Befürchtungen zerstreuen. Anormal bin ich nur äußerlich.«

Ilja Ehrenburg war während des ersten Weltkrieges als Korrespondent der Petersburger »Börsenzeitung« in Paris tätig. Einmal wäre er fast wegen Verhöhnung der französischen Armee des Landes verwiesen worden. Ehrenburg hatte in einem Bericht über die Aktion wohltätiger Damen, die einen Senegalneger in der Kirche der Madeleine taufen ließen, die ängstliche Frage des Taufkindes wiedergegeben: »Madame, tut es auch bestimmt nicht weh?«

Der britische Premierminister Lloyd George lobte während eines Frontbesuches in Frankreich die tapfere Haltung eines bretonischen Regimentes. *Aristide Briand,* selbst Bretone, erwiderte: »Herr Ministerpräsident, wir Bretonen stellen uns nicht leicht auf neue Verhältnisse um. Wir haben vor dem Angriff den Leuten gesagt, es ginge nach wie vor gegen die Engländer, und darauf haben sie so tapfer gekämpft.«

Auf der anderen Seite der Front ging es ähnlich zu. So gab *Roda Roda* in den »Irrfahrten eines Humoristen«, in denen er seine Erlebnisse als Kriegsberichterstatter schilderte, folgende Ansprache eines preußischen Obersten vor dem Einmarsch in die Karpathen wieder: »M-e Herr'n! Wa wern nu Schulter an Schulter mit unsan österreichischen Vabündten kämpfen. Ick vabitte mir alle dahinjehenden Bemerkungen. 'ck danke, m-e Herr'n!«

Weit verbreitet war auch eine andere Geschichte über die deutsch-österreichische Waffenbrüderschaft. Ein General besichtigt den Frontabschnitt eines deutschen Regiments und erkundigt sich nach der Lage. Der Regimentskommandeur meldet: »Herr General, die Lage ist ernst, aber nicht hoffnungslos!« Dann fährt der General in den Nachbarabschnitt, den ein österreichisches Regiment verteidigt und erhält auf die Frage nach der Lage die Antwort: »Herr General, die Lage ist hoffnungslos, aber nicht ernst!«

Viel gespöttelt wurde über den Kampfgeist der Italiener, die im Jahre 1915 in den Krieg eingetreten waren. So erzählte man die Geschichte von der italienischen Sturmkompagnie, die im Schützengraben auf den Angriff wartet. Pünktlich zur festgesetzten Zeit springt der Kompagnieführer, ein junger Leutnant, aus dem Graben und stürzt mit dem Ruf: »Avanti Savoia!« gegen den Feind. Die Kompagnie bleibt im Graben liegen, applaudiert und ruft: »Che bella voce!«

Nachdem die Hoffnung auf ein rasches Kriegsende geschwunden war, wurde der deutsche Reichskanzler Bethmann-Hollweg – im Volksmund »Bethmann-Sollweg« genannt – im Juli 1917 gestürzt. An seine Stelle trat auf Betreiben der Obersten Heeresleitung, die auf die Staatsführung mehr Einfluß als bisher haben wollte, der Staatskommissär für Volksernährung, Michaelis, ein unbekannter und unbedeutender Mann, der nur dreieinhalb Monate im Amt blieb. »Haben Sie schon gehört, wer Reichskanzler wird?« fragte man nach dem Sturze Bethmann-Hollwegs den bayrischen Kultusminister *von Knilling.* »Ja«, erwiderte Knilling, »der Herr Michaelis. Aber den merke ich mir erst gar nicht!«

Auch in Österreich-Ungarn machte sich die lange Kriegsdauer bemerkbar. Als der Thronfolger *Erzherzog Karl* die Truppen im Etschtal besichtigte, ließ er sich den Oberleutnant in einer Gebirgsbatterie, *Julius Deutsch*, vorstellen der einer der bekanntesten Führer der österreichischen Sozialdemokratie war und 1918

Staatssekretär für Heerwesen wurde. Erzherzog Karl unterhielt sich lange mit Oberleutnant Deutsch über dessen politische Auffassungen und wollte sein Urteil über die Kriegslage hören. Offiziere der Batterie, die das Zusammentreffen photographiert hatten, reichten wenige Tage später die Bilder mit der Aufschrift herum: »Sozialdemokrat Julius Deutsch empfängt den Thronfolger Erzherzog Karl im Gebiet von Rovereto.«

Die Mittelmächte siegten sich allmählich zu Tode. Bald nachdem deutsche Truppen im Jahre 1916 in Rumänien einmarschiert waren, klagte ihr Oberbefehlshaber Generalfeldmarschall *von Mackensen*: »Ich habe dieses Land an der Spitze einer Armee von Soldaten betreten. Ich fürchte, ich werde dieses Land an der Spitze einer Armee von Kaufleuten verlassen.«

Auch die Alliierten waren mit dem Kriegsverlauf unzufrieden. Anfang 1917 unterhielt sich der englische Generalstabschef Sir Henry Wilson mit Winston Churchill über die Lage und meinte: »Wenn wir uns sehr anstrengen, können wir den Krieg noch immer verlieren!« Entrüstet erwiderte Churchill: »Aber wir haben doch viele Erfolge zu verzeichnen!« »Zwischen unseren Erfolgen und den Erfolgen der Deutschen ist leider ein Unterschied«, meinte Wilson. »Wir erobern Bullecourt, sie erobern Rumänien. Wir erobern Messines, sie erobern Rußland. Wir erobern Paschendaele nicht, – aber sie erobern Italien.«

Die russische Oktoberrevolution war das erste Anzeichen des nahenden Kriegsendes. Kurz vor dem Zusammenbruch der zaristischen Truppen telegraphierte

Rasputin an das Hauptquartier: »Ich möchte zur Armee kommen und eine wundertätige Ikone aufhängen.« Großfürst *Nikolai*, einst ein Gönner, nun ein erbitterter Gegner Rasputins, telegraphierte zurück: »Komme, und wir werden dich selbst aufhängen!«

Bald nach der Oktoberrevolution wütete in Rußland eine Fleckfieberepidemie, die vor allem die Kampfkraft der Roten Armee schwächte. Lenin versammelte das Zentralkomittee um sich und sagte: »Genossen! Wir stehen jetzt vor einer Entscheidungsschlacht: Entweder der Sozialismus vernichtet die Laus oder die Laus vernichtet den Sozialismus!«

Im März 1918 versuchten die deutschen Truppen noch einmal vergeblich durch eine große Offensive im Westen den Krieg für sich zu entscheiden. Marschall Foch wurde zum Oberkommandierenden der Alliierten ernannt und *Georges Clemenceau* bereiste unermüdlich die Front, indem er erklärte: »Der Krieg ist eine viel zu ernste Sache, als daß man ihn den Generälen überlassen könnte...«

Und dann war der Krieg zu Ende. Im Hauptquartier Marschall *Petains*, wo dem Oberbefehlshaber täglich das Kriegstagebuch zur Durchsicht und Unterschrift vorgelegt wurde, erschien am Abend des 11. November 1918 der Adjudant wie gewohnt mit dem Buch. Petain las die Eintragung sorgfältig durch, dann schrieb er mit großen Buchstaben darunter: »Wegen Sieges geschlossen. Petain, Marschall von Frankreich.«

In Deutschland brach die Revolution aus. Auch in Bayern, wo die konservative Bevölkerung treu zum angestammten Herrscherhaus hielt, wurde König Ludwig III. sang- und klanglos vertrieben. *Kurt Eisner*, der Chef der Räteregierung in München, der bald darauf erschossen wurde, verkündete daraufhin: »Die Wittelsbacher haben sieben Jahrhunderte über Bayern geherrscht. Ich bin sie mit sieben Mann in sieben Stunden losgeworden!«

In Dresden legte König *August von Sachsen* die Regierungsgewalt mit den Worten nieder: »Macht Euch Euren Dregg alleene!« Als er auf den Bahnhof kam, um sich ins Exil zu begeben, empfing ihn eine Menschenmenge mit Hochrufen. Worauf der König seinen Landeskindern zum Abschied sagte: »Ihr seid mir scheene Rebubliganer...«

In Wien besetzte ein »Intellektuellen-Bataillon« der Roten Garde die Redaktion der »Neuen Freien Presse«, beschlagnahmte die Druckerei und brachte kommunistische Flugblätter heraus. An der Spitze der eindringenden Gardisten stand der »rasende Reporter« *Egon Erwin Kisch*, von dem der Wiener Volkswitz behauptete, er sei »ein unerschrockener Schriftsteller und liebenswürdiger Revolutionär.« Kaum hatte *Dr. Paul Kisch*, Redakteur der »Neuen Freien Presse«, seinen schwerbewaffneten Bruder erkannt, rief er mit erhobener Stimme: »Warte nur, Egon, das schreibe ich der Mama nach Prag...!«

In Budapest empfing Graf *Michael Karolyi*, der sich an die Spitze der Revolution gestellt hatte, eine Abordnung rebellierender Matrosen. In langer und wohlgesetzter Rede wies er darauf hin, daß das Alte unwiderruflich dahin sei, eine neue Welt entstehe und nunmehr für alle ein besseres Leben in Freiheit und Gerechtigkeit beginne. Nachdem Karolyi geendet hatte, trat ein junger Matrose vor und sagte: »Gräfliche Gnaden haben sicher ganz recht, aber das Schönste am Ganzen ist doch das Meutern!«

Die Stunde der Neuordnung Europas war gekommen. Grundlage dieser neuen Ordnung sollten die Vierzehn Punkte sein, die der amerikanische Präsident Woodrow Wilson im Januar 1918 veröffentlicht und Frankreichs Ministerpräsident Georges Clemenceau mit den Worten kommentiert hatte: »Gott gab uns die Zehn Gebote. Wir haben sie gebrochen. Wilson gab uns die Vierzehn Punkte. Wir werden sehen…«

KAPITEL II

Wir haben einen Admiral, aber keine Flotte

oder

DAS EUROPA DER DIKTATOREN

Die Vereinigung Europas wird auf dem kurzen Weg des Friedens oder auf dem längeren Weg des Krieges kommen.

Richard Coudenhove-Kalergi
im Dezember 1938

Am 18. Januar 1919 begannen in Versailles die Friedensverhandlungen. Zum ersten Male saßen die Europäer nicht allein an einem Tisch, um über das Schicksal ihres Kontinents zu entscheiden. Eine der dominierenden Persönlichkeiten der Konferenz war vielmehr der amerikanische Präsident *Woodrow Wilson*, dessen erstes Auftreten der englische Ministerpräsident *Lloyd George* in seinen Erinnerungen folgendermaßen geschildert hat: »›Warum‹, sagte Wilson, ›hat Jesus Christus nicht vermocht, die Welt dazu zu bringen, daß sie seiner Lehre nachlebte? Ganz einfach, weil er ein Ideal predigte, ohne irgendeine praktische Methode der Durchführung auszudenken.‹ Clemenceau«, so fuhr Lloyd George in seiner Schilderung fort, »öffnete daraufhin langsam seine dunklen Augen, so weit er konnte, und ließ sie über die Versammlung schweifen, um zu sehen, wie die versammelten Christen die Enthüllung über die Unfähigkeit ihres Herrn aufnehmen würden...«

Lloyd George machte aus seiner Abneigung gegenüber Wilson kein Hehl. »Wie kann ich mit einem Menschen reden«, sagte er, »der glaubt, er sei der erste Mann seit zweitausend Jahren, der irgend etwas über den Frieden auf Erden weiß?«

Clemenceau mochte nicht nur Wilson, sondern auch Lloyd George nicht. Er erklärte: »Das Problem ist, daß Wilson alles weiß und nichts versteht, während Lloyd George nichts weiß und alles versteht.«

Über viele Detailfragen gerieten die Alliierten in Streit. Clemenceau kritisierte die Engländer, weil deren Admiral Calthorpe die türkische Kapitulation entgegengenommen hatte, obwohl der Oberbefehl im Mittelmeer dem französischen Flottenchef zustand. Worauf ihm Lloyd George wutentbrannt entgegnete: »Was haben die Franzosen zum Krieg gegen die Türken schon beigetragen, außer der Entsendung eines halben Negerbataillons, das aufpassen sollte, daß Feldmarschall Allenby beim Einzug in Jerusalem nicht das Heilige Grab plündert!«

Die schwere Aufgabe, die deutsche Delegation in Versailles zu führen, fiel dem Grafen *Ulrich Brockdorff-Rantzau* zu. Er entstammte einer alten holsteinischen Familie, deren Angehörige auch dem König von Dänemark und Frankreich gedient hatten. Von einem seiner Vorfahren, dem Grafen Josias Rantzau, Marschall von Frankreich, wurde sogar behauptet, er sei der Vater Ludwigs XIV. gewesen. Als ihn einer der französischen Offiziere, die der deutschen Delegation zur Begleitung zugeteilt waren, daraufhin ansprach, meinte Brockdorff-Rantzau: »Das ist wahr. In meiner Familie hießen die Bourbonen dreihundert Jahre lang Bastard-Rantzau.«

Die Beratungen in Versailles wurden dadurch nicht erleichtert, daß sich die Alliierten untereinander kaum verstanden. Wilson und Lloyd George sprachen nur Englisch, der italienische Ministerpräsident Vittorio Orlando konnte wenigstens Französisch, und nur Clemeceau beherrschte beide Sprachen. Italiens Außenminister *Giorgio Sonnino,* dessen Mutter aus Schottland stammte, sprach zwar Englisch, weigerte sich aber, davon Gebrauch zu machen, weil er sagte: »Eine Sprache, die man nicht völlig beherrscht, ist wie eine Straßenbahn. Sie bringt einen zwar in die Nähe, aber nicht vor die Haustür.«

Die Delegierten von Versailles waren alte Männer. Während das Durchschnittsalter der Unterhändler beim Wiener Kongreß 48 ½ Jahre gewesen war, kamen die Großen Vier von Versailles – Wilson, Lloyd George, Clemenceau und Sonnino – auf einen Durchschnitt von 66 ½ Jahren. Diesen alten Herren gingen manchmal die Nerven durch. Als Orlando nach Italien zurückfuhr, sagte Englands Außenminister *Arthur Balfour*: »Ich muß jetzt meine Wasserstiefel anziehen, um Orlando Adieu zu sagen. Er war in Tränen, als ich ihn das letzte Mal sah, und wahrscheinlich hat er seitdem immer weitergeweint.«

Je kleiner die Staaten waren, desto länger sprachen ihre Delegierten. »Als Domski die Ansprüche Polens vertrat«, erzählte Oberst *Edward House,* der Berater Wilsons, »begann er um elf Uhr morgens und im 14. Jahrhundert und erreichte das Jahr 1919 und die Probleme der Gegenwart erst um vier Uhr nachmittags. Benesch folgte mit den Ansprüchen der Tschechoslowakei und begann, wenn ich mich recht erinnere, ein Jahrhundert früher und endete eine Stunde später. Venizelos dagegen, der ein geschickter Redner war, beschränkte sich auf ein Jahrhundert Geschichte und war außerdem klug genug, seine Erzählung in Raten vorzutragen.«

In Versailles wurde mit bemerkenswerter Nonchalance über das Schicksal der Völker entschieden. Den

Italienern war es gelungen, bei Präsident Wilson die Zustimmung zur Abtretung Fiumes zu erlangen. Als Oberst House fragte, ob der amerikanische Senat nicht gegen diese Entscheidung protestieren werde, antwortete Wilson: »Er wird es tun, sobald er herausgefunden hat, wo Fiume überhaupt liegt.«

Die italienische Delegation hatte ihren Anspruch auf Fiume mit dem Hinweis darauf unterstützt, daß die Bewohner der Stadt zum größten Teil Italiener seien. »Das ist kein Argument«, hielt ihnen Präsident Wilson entgegen. »So gesehen, könnte Italien jederzeit auch New York für sich beanspruchen.«

Am 28. Juni 1919, auf den Tag genau fünf Jahre nach den Schüssen von Sarajevo, die den ersten Weltkrieg auslösten, wurde der Vertrag von Versailles unterzeichnet. Als man Marschall *Foch* am Tage der Vertragsunterzeichnung freudig darauf hinwies, daß nunmehr der Friede endgültig besiegelt sei, meinte er: »Friede? Das ist kein Friede, das ist ein Waffenstillstand für zwanzig Jahre!«

Nicht nur den Zeitpunkt, sondern auch den Ort des Ausbruchs des nächsten großen Krieges sagte Marschall Foch mit bemerkenswerter Präzision voraus. Nachdem man ihm die Karte Europas mit dem frisch eingezeichneten Korridor, der Ostpreußen vom übrigen Deutschland trennte, vorgelegt hatte, legte er den Finger auf Danzig und sagte: »Hier wird der nächste Weltkrieg ausbrechen.«

Ein Diplomat des Quai d'Orsay brachte das Ergebnis von Versailles auf die zynische Formel: »Wir haben einen Vertrag geschlossen, der alle Voraussetzungen für einen gerechten und dauerhaften Krieg in sich birgt...«

An Versuchen zu einem Neubeginn fehlte es nicht. In Berlin tagte unter dem Vorsitz von Karl Kautsky die deutsche Sozialisierungskommission, zu deren Mitgliedern auch der österreichische Nationalökonom *Joseph Schumpeter* gehörte. Gegenüber seinem Kollegen Gottfried Haberler kommentierte Schumpeter die Mitwirkung in der Kommission mit den Worten: »Wenn jemand Selbstmord begehen will, ist es gut, wenn ein Arzt anwesend ist.«

Noch drastischer drückte sich in Wien Staatskanzler *Karl Renner* aus. Als einige führende Sozialdemokraten die Verstaatlichung wichtiger Industriebetriebe verlangten, wies sie Renner mit den Worten zurecht: »Genossen, Schulden kann man nicht sozialisieren!«

Der neugeordnete Kontinent trug eine Menge ungelöster Probleme in sich. Österreich, jener Staat, der laut Clemenceau das war, was von der großen Donaumonarchie »übriggeblieben war« suchte sein Heil im Anschluß an das benachbarte Deutschland, weil die Bevölkerung nicht an die Lebensfähigkeit des Landes glaubte. Eine Abstimmung im Bundesland Salzburg ergab 85 406 Stimmen für und nur 745 Stimmen gegen den Zusammenschluß mit dem Nachbarland. Da sich aber die Alliierten strikt gegen jede Art von Anschluß aussprachen, erschienen in einem Wiener Witzblatt die melancholischen Zeilen:
»Was hilft's, wenn Optimisten
Vom Anschluß träumen?

Stets waren wir Spezialisten
im Anschlußversäumen.«

Als besiegter Staat mußte Österreich Reparationen zahlen. Bei den Verhandlungen über die Höhe dieser Zahlungen in der Hoover-Kommission sagte ein österreichischer Unterhändler bei der Interpretation eines Schriftstückes: »Das ist unsere Lesart.« Daraufhin wies ihn der französische Delegierte Haguenin mit den Worten zurecht: »Aber es ist nicht unsere Lesart, und die unsere ist die des Siegers.« Als kurz darauf die Kriegsschuldfrage erörtert wurde, sagte der österreichische Delegierte *Felix Somary*: »An jenem Tag, als der Erzherzog Franz Ferdinand einen unschuldigen serbischen Jüngling ermordete und damit in verruchter Weise den Weltkrieg entfesselte...« Nach einem Augenblick des Schweigens fuhr Somary fort: »Wie Sie sehen, habe ich mir die Lesart des Siegers bereits angeeignet.«

Über die Kriegsschuldfrage wurde viel diskutiert. »Wer trägt nun wirklich die Schuld am Kriege?« fragte der Philosoph *Max Scheler*. Sein Kollege *Hans Driesch* antwortete: »Schuldig waren alle, aber die Deutschen waren die Dummen...«

Die junge deutsche Republik kam nicht zur Ruhe. In München herrschte nach der Ermordung Kurt Eisners und dem Sturz seiner Räteregierung ein konterrevolutionäres Regime. Jemand fragte den Münchner Polizeipräsidenten *Pöhner*: »Ist Ihnen bekannt, daß es in Bayern eine Anzahl von rechtsradikalen Mordgruppen gibt?« Pöhner, zu dessen Mitarbeitern Hitlers künftiger Innenminister Frick gehörte, antwortete: »Ja, aber noch nicht genug.«

Im März 1920 mußte die Reichsregierung vor dem fünf Tage währenden Kapp-Putsch nach Dresden flüchten. Unterwegs beklagte sich Dr. Meissner, der spätere Staatssekretär Eberts, Hindenburgs und Hitlers, daß man bei der überstürzten Abreise nicht einmal frische Wäsche habe mitnehmen können. »Herr Meissner«, tröstete ihn der Reichsminister *Hermann Müller*, »diese Revolution stehen wir in einem Hemd durch!«

Die Hamburger Garnison hatte beim Kapp-Putsch mitgemacht. Nachher fragte man ihren Kommandanten, Oberst *von Ledebour*, ob er denn nicht einen Eid auf die Republik geschworen habe. Ledebour antwortete: »In dieser Republik breche ich, wenn es sein muß, zwischen acht und neun alle Eide, die ich zwischen sieben und acht Uhr geschworen habe!«

Angesichts der Schwäche der Reichsregierung waren die separatistischen Tendenzen stark. Die Bayern, die sich ständig zurückgesetzt fühlten, klagten darüber, daß im Reichsverkehrsministerium in Berlin zu wenig bayrische Beamte tätig seien. Verkehrsminister Groener nahm eine Liste aller Bayern in seinem Ministerium, fuhr damit nach München und legte sie dem bayrischen Verkehrsminister, *Graf Lerchenfeld*, vor. »Ja, mei«, sagte Lerchenfeld nach einem Blick auf die Liste, »die können mer alle nimmer als Bayern anerkennen, die san scho' vül z'lang in Berlin!«

Unzufriedenheit herrschte nicht nur auf der Seite der Verlierer. Georges Clemenceau, genannt »Der Tiger«, der 1917 Ministerpräsident geworden war und seine Nation zum Siege geführt hatte, kandidierte 1920 für das Amt des Präsidenten der Republik, wurde aber geschlagen und zog sich resigniert von der Politik zurück. Sein Urteil über die Nachkriegslage in Europa lautete: »Die ganze Herrlichkeit unserer Zivilisation besteht darin, daß sie uns instande setzt, ab und zu ein fast normales Leben zu führen. Der Waffenstillstand ist die Pause zwischen dem Fallen und dem Steigen des Vorhangs.«

Thomas Masaryk, den man den Vater der Tschechoslowakei nannte, schilderte das Kernproblem seines jungen Staatswesens mit den Worten: »In der Tschechoslowakei sind die Tschechen Tschechen und die Slowaken Slowaken. Tschechoslowaken sind nur die Juden.«

Der Balkan bleibt auch nach dem großen Kriege der Balkan. Der rumänische Innenminister *Argetoianu* erhielt Besuch von Freunden aus Paris, die ihm zum guten Ausgang der eben abgehaltenen Wahlen gratulierten. »Leider hat es Schwierigkeiten gegeben«, sagte Argetoianu. »Wir haben natürlich dafür gesorgt, daß in den Wahlurnen von vornherein genügend Stimmzettel unserer Partei waren.« »Dann war ja alles in Ordnung«, meinten die Freunde. »Nicht ganz«, antwortete der Minister. »In einigen Wahllokalen waren die Urnen so voll, daß die Wähler keine Stimmzettel mehr hineinstecken konnten...«

Nachdem Argetoianu Ministerpräsident geworden war, wurde er auf einer Dienstreise vom Stationsvorstand eines größeren Provinzbahnhofes angesprochen, der über die Unzulänglichkeit seiner Bezüge klagte. »Wie lange leiten Sie denn schon diese Station?« fragte der Ministerpräsident. »Elf Jahre, Herr Präsident!«

»Mein guter Mann«, sagte Argetoianu, »wenn Sie sich in elf Jahren als Stationvorstand noch nicht saniert haben, kann Ihnen der Ministerpräsident auch nicht helfen!«

In Italien, wo man trotz beträchtlicher Gebietsgewinne mit der Verteilung der Siegesbeute nicht zufrieden war, machte im Jahre 1919 ein junger Radikaler namens Benito Mussolini von sich reden. »Was halten Sie von diesem Mussolini?« fragte man *Leo Longanesi.* »Mussolini«, antwortete Longanesi, »ist gegen Wilson, gegen die Friedenskonferenz, gegen England, gegen die Regierung, gegen die Bourgeosie, gegen die Kirche und gegen die Monarchie. Ich bin einigermaßen besorgt: Ist das nicht ein bißchen viel für einen einzigen Mann?«

Nach Mussolinis Machtergreifung durch den Marsch auf Rom im Jahre 1922 herrschte in der italienischen Botschaft in Konstantinopel große Aufregung. Sollte und konnte man dem neuen Regime dienen oder nicht? Schließlich sagte der Botschafter, *Marchese Garroni*: »Wir wollen das erst einmal beschlafen.« Am nächsten Morgen versammelte er das Botschaftspersonal um sich und sagte: »Im Grunde bin ich nicht Botschafter der italienischen Regierung, sondern Botschafter Seiner Majestät des Königs und wenn Seine Majestät der König Herrn Mussolini akzeptiert, sehe ich nicht ein, warum ich ihn nicht auch akzeptieren sollte.«

Die Monarchen waren oft recht eigenwillig. Als in Norwegen *König Haakon VII.* einem Kabinett seine Zustimmung gab, in dem auch ein Kommunist saß, wies er die Kritiker mit den Worten zurecht: »Warum nicht. Ich bin auch der König der Kommunisten.«

Als man im belgischen Kabinett über die Konzessionen in China beriet, verlas Außenminister *Vandervelde* einen Brief, der ihre sofortige und völlige Aufgabe vorschlug. Nachdem er geendet hatte, fragte ein Kabinettsmitglied: »Welcher Kommunist hat denn diesen Brief geschrieben?« »Der Kommunist«, antwortete Vandervelde, »ist seine Majestät, Albert I.«

Ganz Europa blickte gespannt auf den Ausgang des bolschewistischen Experiments in der Sowjetunion. *Louis P. Lochner*, der spätere Chef des Associated Press-Büros in Berlin, interviewte als junger Auslandskorrespondent das Mitglied des Obersten Wirtschaftsrates der Sowjetregierung, *Ludwig Martens*, der sich auf der Rückreise von Verhandlungen in Amerika in Deutschland aufhielt. »Ist in der Sowjetunion der Kommunismus bereits verwirklicht?« fragte Lochner. »Nein«, antwortete Martens. »Der Kommunismus ist verwirklicht, wenn jeder Bürger fünf Paar Schuhe hat. Jetzt, wo fünf Bürger zusammen ein Paar Schuhe besitzen, haben wir noch keinen Kommunismus.«

André Gide, einer der frühen Bewunderer der Sowjetunion, besuchte Leningrad. Nach seiner Rückkehr fragte man ihn: »Was hat Ihnen in Leningrad am besten gefallen?« Gides Antwort: »St. Petersburg.«

Besonders beeindruckt hatte Gide der Besuch einer Kirche, in der er ein Kruzifix mit der Inschrift fand: »Jesus Christus, legendäre Persönlichkeit, die niemals wirklich existierte.«

Lenin wurde gefragt, ob er es für möglich halte, daß es in der Sowjetunion eines Tages mehrere Parteien gebe. »Natürlich«, antwortete Lenin, »aber unter einer Bedingung: Die Kommunistische Partei muß an der Macht und die Angehörigen der übrigen Parteien müssen im Gefängnis sein.«

In Lenins Gegenwart wurde über den Unterschied zwischen Bolschewiken und Menschewiken diskutiert. »Die Menschewiken«, dozierte Lenin, »sagten: ›Erlaubt, daß wir mit Euch diskutieren.‹ Wir sagten darauf: ›Erlaubt, daß wir Euch an die Wand stellen.‹ Das war der Unterschied.«

Der Chef des Protokolls in Moskau, *Dimitri Florinski*, war ein ehemaliger zaristischer Diplomat, genannt »Der sanfte Vatermörder.« Die Kommunisten hatten seinen Vater, einen Professor der Universität Kiew erschossen. »Wie können Sie einem Regime dienen, das Ihren Vater ermordet hat?« wurde er wiederholt gefragt. Florinski pflegte zu antworten: »Wenn Ihr Vater unter die Straßenbahn geraten wäre, würden Sie dann nicht mehr mit der Straßenbahn fahren?«

In der ersten Nachkriegszeit ging es in Moskau recht bewegt zu. Die britische Botschaft war während der Unruhen geplündert worden, und der Geschäftsträger versuchte lange Zeit vergeblich, wieder in den Besitz der verschwundenen Einrichtungsgegenstände, unter denen sich auch das wertvolle Tafelsilber befand, zu gelangen. Als er eines Abends beim Volkskommissar für die Auswärtigen Angelegenheiten, *Georgi Tschitscherin*, eingeladen war, sah er, daß das Besteck das Wappen des britischen Königshauses trug. Wütend ergriff er eine Gabel und sagte zu Tschitscherin: »Sie sagen mir fortwährend, daß Sie das Silber der Botschaft nicht finden können, und dabei benützen Sie es für Ihre eigene Tafel!« »Sie haben wirklich Glück«, antwortete der Volkskommissar in aller Ruhe. »Nehmen Sie inzwischen das, vielleicht findet sich mit der Zeit auch der Rest!«

Dem Chef der amerikanischen Rot-Kreuz-Mission in Moskau, *Raymond Robins*, wurde das Auto gestohlen. Als er zu Tschitscherin kam, um sich zu beschweren, sagte ihm der Volkskommissar: »Beruhigen Sie sich, mein Wagen ist mir letzte Woche geklaut worden.«

Lenin beurteilte die Chancen der Weltrevolution sehr realistisch. Er soll zwar gesagt haben: »Der Weg nach Paris führt über Neu Delhi und Peking«, doch sein Biograph Louis Fischer stellt mit Recht fest, daß man in sämtlichen Schriften Lenins vergeblich nach einem Beleg für diesen Ausspruch suchen wird. Verbürgt ist dagegen, daß Lenin einmal erklärte: »Sollte jemals eine Revolution in Schweden ausbrechen, werden die Chefs der revolutionären Bewegung die Mitglieder der bürgerlichen Regierung, die sie gestürzt haben, zum Essen einladen, um sie zu ihren Leistungen während ihrer Amtszeit zu beglückwünschen.«

Stalin urteilte ähnlich. Sobald die Rede auf eine allfällige kommunistische Machtergreifung in Deutschland kam, erzählte er folgende Geschichte: »Im November 1918 erhielt eine Abteilung der Roten Garde den Auftrag, das Rathaus einer deutschen Stadt zu erstürmen. Leider konnte sie dem Befehl nicht nachkommen, denn in den Gartenanlagen rund um das Gebäude waren überall Schilder mit der Aufschrift: ›Betreten des Rasens verboten!‹«

Die sowjetische Außenpolitik bediente sich ziemlich ungeniert aller Möglichkeiten der Subversion und Spionage. Besonders aktiv waren die sowjetischen Agenten in der Türkei, die als Touristen verkleidet die entlegensten Gebiete Anatoliens durchreisten. Als zahlreiche dieser angeblichen Touristen auf einmal spurlos verschwanden, ließ der Volkskommissar für die Auswärtigen Angelegenheiten den türkischen Botschafter, *Vassif Bey*, zu sich kommen und machte ihm heftige Vorwürfe. »Ja, wissen Sie, Herr Volkskommissar«, sagte der Botschafter, »das Verschwinden ist leicht zu erklären. Die Leute in Anatolien sind so primitiv, daß sie glauben, die Russen haben Pferdefüße und einen langen Schwanz. Wann immer sie einen treffen, wollen sie sehen, ob das stimmt und ziehen ihm die Kleider aus. Und wenn sie dann feststellen, daß sie sich geirrt haben, sind sie so wütend, daß sie den armen Kerl in einen Sack stecken und ins Meer werfen.«

Am Beginn des Jahres 1923 veröffentlichte *Richard Coudenhove-Kalergi* das Buch »Paneuropa« und gründete die gleichnamige Bewegung, für die er unermüdlich warb. Bei einem Besuch in Paris ermunterte ihn *Aristide Briand* mit den Worten: »Marchez vite, vite, vite!« Von der französischen Hauptstadt fuhr Coudenhove-Kalergi nach Genf, wo ihm der Generalsekretär des Völkerbundes, *Sir Eric Drummond*, zum Abschied sagte: »Please don't go too fast!«

Coudenhove-Kalergi war der Sohn eines österreichischen Diplomaten und einer Japanerin. Auf einer seiner Reisen mußte er einen Fragebogen ausfüllen, in dem es hieß: »Welche feindlichen Länder haben Sie besucht und zu welchem Zweck?« Coudenhove-Kalergi schrieb: »Land: Japan. Zweck: Geburt.«

Der große Europäer *Jakob Burckhardt*, der aus Basel stammte, war, wie so viele Schweizer nicht frei von Kantönligeist. Als er einmal Stuttgart besuchte, erzählte er Freunden: »Wie ich gestern in der Hotelhalle saß, sind hinter mir zwei Schwaben gesessen, die ganz furchtbar auf die Schweiz geschimpft haben.« »Und was haben Sie daraufhin gemacht?« wurde er gefragt. »Zuerst wollte ich protestieren«, antwortete Burckhardt, »aber dann habe ich mir gedacht, vielleicht haben die Herren ihre Erfahrungen in Zürich gesammelt und bin sitzen geblieben...«

Unter dem Eindruck des eben zu Ende gegangenen Krieges hatte der Pazifismus viel Zulauf, doch waren die Pazifisten in der Propagierung ihrer Ideen nicht immer sehr geschickt. Richard Coudenhove-Kalergi war im Oktober 1924 Gast des internationalen Pazifistenkongresses in Berlin. Im Anschluß an den Kongreß veröffentlichte er eine Broschüre über den Pazifismus, in der er seine Eindrücke in dem Satz zusammenfaßte: »Das größte Übel des Pazifismus sind die Pazifisten.«

Die europäischen Nachkriegskonferenzen drehten sich immer um zwei Themen: Reparationen und Abrüstung. Bei der Pariser Konferenz des Jahres 1929 drängte der Leiter der deutschen Delegation, der damalige Reichsbankpräsident *Hjalmar Schacht*, auf eine

Herabsetzung der Reparationsverpflichtungen mit der Begründung, daß Deutschland andernfalls volle 62 Jahre lang zahlen müsse. »Was sind schon 62 Jahre«, sagte daraufhin Belgiens ehemaliger Finanzminister, *Emile Francqui*, der die Delegation seines Landes leitete. »Wir zahlen schon seit 99 Jahren Kriegsschulden ab.« »Unsinn«, erwiderte Schacht, »ich wüßte nicht, für welchen Krieg Sie so lange zahlen.« »Das kann ich Ihnen sagen«, belehrte ihn Francqui. »Wir zahlen den Preis für unsere Freiheit nach Waterloo. Im Jahr 1830 hat die belgische Regierung ein Abkommen geschlossen, wonach sie den Nachkommen des Herzogs von Wellington jährlich dreitausend Pfund bezahlt. Heute, 99 Jahre danach, zahlen wir sie immer noch.«

Bei einer Abrüstungskonferenz des Völkerbundes machte *Maxim Litwinow* im Namen der Sowjetunion den Vorschlag auf totale und allgemeine Abrüstung. Darauf antwortete ihm *Salvador de Madariaga*, der von 1921 bis 1927 Leiter der Abrüstungskommission war: »Der sowjetische Vorschlag erinnert mich an die Fabel von der Abrüstung der Tiere. Der Löwe blickte den Adler an und erklärte: ›Krallen müssen abgeschafft werden.‹ Der Tiger schaute zum Elefanten und sagte: ›Stoßzähne müssen verboten werden.‹ Der Elefant gab den Blick zurück und meinte: ›Tatzen und Gebiße müssen verschwinden.‹ So forderte der Reihe nach jedes Tier, es sollten jeweils die Waffen abgeschafft werden, die es selbst nicht besaß, bis sich am Ende der Bär erhob und im Ton friedlicher Verständigung sagte: ›Genossen, wir sollten alles abschaffen – alles, außer der großen brüderlichen Umarmung.‹«

Die Militärs hielten nicht viel von den Abrüstungsvorstellungen der Politiker. Während einer Abrüstungskonferenz sagte Admiral *Lord Beatty*, einer der militärischen Beobachter Großbritanniens, zu seinem Kollegen General *Sir Henry Wilson* nach einer besonders ermüdenden Rede des griechischen Premierministers Venizelos: »Wir hätten es wesentlich leichter, wenn Venizelos tot wäre.« »Allerdings«, erwiderte Wilson. »Nehmen wir das doch ins Protokoll auf!«

Der englische Chefdelegierte *Sir Samuel Hoare* berichtete in einem Schreiben an seinen Ministerpräsidenten McDonald über eine der Abrüstungskonferenzen des Völkerbundes in Genf: »Vor mir saßen die Afghanen. Da Afghanistan nicht Mitglied des Völkerbundes ist, fragten wir sie, warum sie zur Abrüstungskonferenz gekommen seien. Sie antworteten, daß es ihnen an Waffen mangle, und sie hätten geglaubt, auf der Konferenz Gelegenheit zu haben, aus zweiter Hand billig welche erstehen zu können.«

Die europäischen Konferenzen nach dem ersten Weltkrieg hatten mit den Wiener Kongreß nach den napoleonischen Kriegen eines gemeinsam: Sie kamen nicht voran. *Daniele Varé*, Verfasser zahlreicher amüsanter Bücher aus dem diplomatischen Metier, sandte einmal aus Genf mit der offiziellen Post das apokryphe Sitzungsprotokoll eines unbekannten Verfassers nach Rom, das auszugsweise folgenden Wortlaut hatte: »Protokoll der Sitzung der zeitweiligen Gemischten Kommission für Abrüstungsfragen vom 7. Juli, 15 Uhr 30. Der Präsident begrüßt den neuen Delegierten der Vereinigten Staaten und gibt der Hoffnung Ausdruck, daß er seine Meinung mit der gleichen Freimütigkeit und Offenheit ausdrücken werde wie sein Vorgänger. Mr. Gibson (USA) dankt dem Präsidenten und erklärt, daß er nichts zu erklären habe, diese Erklärung jedoch nur mit äußerster Reserve abgebe. Der Präsident dankt dem amerikanischen Delegierten im Namen der Kommision für diese freimütige Erklärung. Major Hills (Großbritannien) beantragt, über die Präambel des Kommissionsberichtes das Wort ›Präambel‹ zu setzen. Monsieur Jouhaux (Frankreich) erklärt, daß er den Sinn dieses Antrags zwar nicht ganz verstehe, daß er aber dagegen sei. Mr. Gibson (USA) erklärt, daß er der Erklärung seines Vorgängers vom 24. März nichts hinzuzufügen habe; sie lautete: ›Ich habe nichts zu erklären!‹ Monsieur Schanzer (Italien) unterstützt den Antrag von Major Hills, erklärte aber gleichzeitig, daß er die Meinung von Monsieur Jouhaux teilte. Prinz Mirza Riza Khan Affa-od Dovleh (Iran) protestiert im Namen seiner Regierung feierlich gegen den Antrag von Major Hills, der eindeutig gegen die Interessen des Irans gerichtet sei. Graf Hirosawa (Japan) spricht sich gegen jeden Antrag aus, der einer Unterstützung der Vereinigten Staaten von Amerika gleichkommt. Admiral de Souza (Brasilien) erklärt nach längeren Ausführungen über die Geschichte Brasiliens, daß er sich gegen jeden Antrag aussprechen müsse, der die Freiheit und Unabhängigkeit seines Landes zu untergraben bedrohe. Monsier Madariaga (Sekretariat) teilt mit, daß der Tee serviert ist. Der Vorsitzende schließt die Sitzung, doch stellt sich heraus, daß bereits sämtliche Delegierte zum Tee gegangen sind.«

Vareś französischer Kollege *Mantoux* verfaßte während einer endlosen Völkerbunddebatte über die türkischen Übergriffe gegen die Armenier folgenden Reso-

5 „Herrlichen Zeiten führe ich euch entgegen." Wilhelm II. vor Edisons Phonographen; der Anbruch einer neuen Zeit

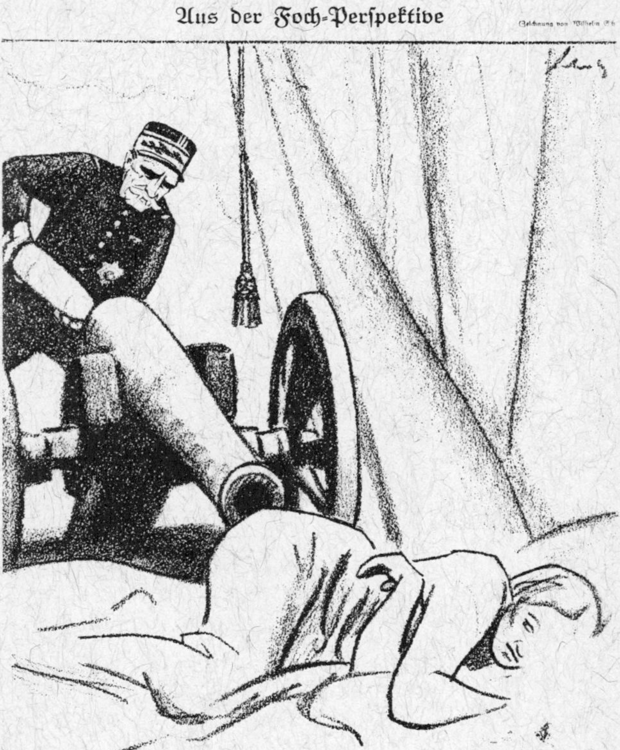

6 Versailles aus der Foch-Perspektive. „Man macht die kranke Europa nicht gesund, wenn man ihr das Elixier de Spa mit der Kanone einspritzt."

lutionsentwurf: »Artikel I: Kein Massaker von Armeniern darf durchgeführt werden, ohne daß der Völkerbund einen Monat vorher entsprechend verständigt wird. Artikel 2: Sollte sich das Massaker auch auf Frauen und Kinder erstrecken, ist der Völkerbund zwei Monate vorher zu verständigen. Artikel 3: Sollte ein Massaker von Armeniern ohne Einhaltung dieser Formalitäten erfolgen, gilt es als nichtig und ungeschehen.«

Die Armenier, die in der Hoffnung nach Genf gekommen waren, beim Völkerbund Schutz und Hilfe zu finden, mußten unverrichteter Dinge wieder heimreisen. Sie rächten sich auf elegante Weise. Vor der Abreise gab die armenische Delegation einen großen Empfang für alle Delegierten, bei dem aber nur Pilaw auf Feigenblättern und Wasser gereicht wurden. Der Delegationsführer, ein angesehener armenischer Bankier, hielt eine Ansprache, in der er sagte: »Zu unserem allergrößten Leidwesen können wir Sie nicht üppiger bewirten, da wir unser ganzes Geld für die Unterstützung unserer armen armenischen Landsleute aufwenden müssen!«

Angesichts der Machtlosigkeit des Völkerbundes ging in den Zwanzigerjahren ein böses Scherzwort um. »Frage: Kennen Sie den Unterschied zwischen einem Hundekuchen und dem Völkerbund? Antwort: Der Hundekuchen ist für den Hund, der Völkerbund ist für die Katze.«

Der mehrfache französische Außenminister und Ministerpräsident Aristide Briand, der am 5. September 1929 dem Völkerbund den formellen Vorschlag unterbreitete, die Vereinigten Staaten von Europa zu schaffen, war gemeinsam mit seinem deutschen Kollegen *Gustav Stresemann* um die deutsch-französische Verständigung bemüht. Briand war der geborene Unterhändler und Diplomat. Nachdem er einmal in Spanien einen Stierkampf besucht hatte, wurde er gefragt, wie es ihm gefallen habe. »Sehr gut«, antwortete Briand. »Aber schicken Sie den Torero fort, geben Sie mir ein Bündel Heu und lassen Sie mich in die Arena. Sie werden sehen – in einer Viertelstunde habe ich mit dem Stier Frieden geschlossen.«

Briand war ein brillanter Redner, aber von souveräner Verachtung für Details. So schloß er einmal eine Rede vor dem Völkerbund mit den Worten: »Laßt uns also das Wort des Dichters befolgen: ›Gebt Gottes, was Gottes ist, und dem Kaiser, was des Kaisers ist.‹« Wenige Stunden später hielt er das Billet eines Delegierten in den Händen, der ihm schrieb: »Gebt vor allem Jesus Christus, was Jesu Christi ist!«

Die Verachtung für Details hatte Briand mit Stresemann gemeinsam. Nachdem der Reichsaußenminister in seiner Eigenschaft als Vorsitzender der Deutschen Volkspartei eine Rede gehalten hatte, machte man ihn darauf aufmerksam, daß die von ihm vertretenen Auffassungen nicht dem Programm der Partei entsprächen. »Das kann schon sein«, meinte Stresemann, »ich habe es nie gelesen.«

In einer Gesellschaft wurde in Anwesenheit Stesemanns über Karl Marx und sein Hauptwerk »Das Kapital« diskutiert. Als man Stresemann, der stumm dabei saß, um seine Meinung fragte, erwiderte er: »An

Debatten über Karl Marx beteilige ich mich grundsätzlich nicht. Es könnte ja passieren, daß jemand anwesend ist, der ihn tatsächlich gelesen hat!«

Mit der Bürokratie kam Stresemann nur mühsam voran. Nachdem er im Jahre 1923 Reichskanzler geworden war, erledigte er einmal spät am Abend in seinem Arbeitszimmer Dienstpost. Als er die Briefumschläge verschließen wollte, mußte er feststellen, daß es auf seinem Schreibtisch keinen Anfeuchter gab. Seine Bitte um Ankauf eines solchen Gerätes wurde von der Registratur der Reichskanzlei mit folgender Begründung abschlägig beschieden: »Briefe des Herrn Reichskanzlers werden von der Registratur, in der sich ein Anfeuchter befindet, verschlossen und abgesandt. Die Notwendigkeit, Briefe im Arbeitszimmer des Herrn Reichskanzlers zu verschließen, besteht somit nicht. Soweit eine solche doch bestehen sollte, kann es sich nur um Privatbriefe des Herrn Reichskanzlers handeln. Für das Verschließen solcher Briefe kann aber eine Vorrichtung der gewünschten Art aus den Beständen der Registratur nicht zur Verfügung gestellt werden.«

Wenn sich der Reichskanzler zur Berichterstattung zum Reichspräsidenten begab, konnte er den bequemen Weg durch die Gärten der Reichskanzlei, des Außenministeriums, des Innenministeriums und des Palais des Reichspräsidenten nehmen. Als Stresemann das erste Mal zum Reichspräsidenten Ebert ging, begleiteten ihn die beiden Kriminalbeamten, die ihm zur Bewachung beigegeben waren, nur bis zum Tor des Präsidentengartens. Auf dem Rückweg fragte Stresemann die beiden Beamten, die im Garten des Innenministeriums auf ihn warteten, warum sie nicht mitgekommen seien. Darauf erhielt er die Antwort: »Herr Reichskanzler, in den Garten des Herrn Reichspräsidenten gehen wir nie. Dort gibt es bissige Hunde!«

Die Aussöhnung zwischen Frankreich und Deutschland sollte Bestandteil eines umfassenden Systems der kollektiven Sicherheit sein. Dieser Gedanke stieß aber innerhalb und außerhalb Europas nicht immer auf Verständnis. So erklärte in einer Debatte vor dem Völkerbund der kanadische Delegierte: »Das System der kollektiven Sicherheit kommt mir vor wie eine gemeinsam erworbene Feuerversicherungspolice. Ich darf aber darauf aufmerksam machen, daß wir Kanadier in einem absolut feuersicheren Haus und noch dazu weit entfernt von jedem denkbaren Brandherd wohnen.«

Auch nach dem Tode Stresemanns im Jahre 1929 setzte Briand seine Bemühungen um die deutsch-französische Verständigung fort und kam im September 1932 nach Berlin; es war der erste Besuch eines französischen Außenministers seit 1878. Um dem Gast ein freundliches Willkommen zu sichern, hatte Reichskanzler *Brüning* veranlaßt, daß Polizisten in Zivil die Straßen säumten und beim Vorbeifahren des Gastes in Jubel ausbrachen. Briand, der als gewiefter Politiker dieses Spiel bald durchschaut hatte, sagte am Abend des ersten Besuchstages zu Brüning: »Ich habe noch nie einen so gut organisierten spontanen Empfang erlebt!«

Brüning schlug im Verlaufe des Berliner Besuches angesichts der allgemeinen Abrüstungsbestrebungen vor, die politischen Gespräche durch militärische Besprechungen der beiderseitigen Heeresleitungen zu ergänzen. »Lieber, junger Freund«, sagte dazu Briand, »nehmen Sie die Erfahrung eines alten Mannes entgegen. Wenn Generäle verhandeln, gibt es immer ein Unglück!«

Unterstützt wurde Briand von dem Radikalsozialisten *Edouard Herriot*, der 1919 Abgeordneter und bereits fünf Jahre danach Ministerpräsident wurde. Im Gegensatz zu Clemenceau und Poincaré, den großen alten Männern der französichen Politik, hielt Herriot nicht viel von doktrinärer Politik. Er machte sich über sie einmal mit den Worten lustig: »Ideologien haben den Vorteil, daß sie einem ersparen, Ideen haben zu müssen.«

Bei anderer Gelegenheit faßte Herriot seine Ansichten über internationale Zusammenarbeit in dem Satz zusammen: »International kann nur wirken, wer national fühlt.«

Völkerbund, Abrüstungskonferenzen und Verständigungsbemühungen konnten nicht darüber hinwegtäuschen, daß die Unterschiede und Gegensätze zwischen den europäischen Nationen so groß wie eh und je waren. Aus dieser Erkenntnis heraus erzählte man in der Zwischenkriegszeit in Europa folgende Geschichte: »In einem Schweizer Knabeninternat wird den Schülern aufgetragen, einen Aufsatz über das Thema ›Der Elefant‹ zu schreiben. Und so sah das Ergebnis aus: Der Deutsche schrieb: ›Der Elefant, der Herrscher der Tierwelt.‹ Der Österreicher: ›Erinnerungen eines Elefanten an das alte Burgtheater.‹ Der Franzose:

›Das Liebesleben des Elefanten.‹ Ein Schüler aus der Tschechoslowakei: ›Zehn schmackhafte Rezepte zur Zubereitung von Elefanten.‹ Der Italiener: ›Der Elefant in der Opernliteratur.‹ Ein kleiner Armenier: ›Der Handel mit Elefanten.‹ Der Sohn eines russischen Emigranten: ›Die Seele des Elefanten – ein weites Land.‹ Und der Pole: ›Der Elefant und die polnische Frage.‹«

Ein Schriftsteller, der sich immer wieder mit Europa und seinen Völkern befaßte, war Kurt Tucholsky. So schrieb er im Jahre 1924: »Die Dänen sind geiziger als die Italiener. Die spanischen Frauen geben sich leichter der verbotenen Liebe hin als die deutschen. Alle Letten stehlen. Alle Bulgaren riechen schlecht. Rumänen sind tapferer als die Franzosen. Russen unterschlagen Geld. Das alles ist nicht wahr – wird aber im nächsten Kriege gedruckt zu lesen sein.«

Im Jahre 1932 notierte Tucholsky: »Dieser Erdteil ist stolz auf sich, und er kann auch stolz auf sich sein. Man ist stolz in Europa: Deutscher zu sein. Franzose zu sein. Engländer zu sein. Kein Deutscher zu sein. Kein Franzose zu sein. Kein Engländer zu sein.«

Auch auf die wirtschaftliche und soziale Problematik des Zusammenlebens der europäischen Völker wies Tucholsky wiederholt hin. So schrieb er 1924: »Die falschen Staaten von Europa: England, Frankreich, Spanien, Italien, Ungarn, Preußen, Estland, Lettland, Rumänien, Bayern. Die Grenzen stehen fest. Die richtigen Staaten von Europa: Arbeitslose, Arbeitsmänner, Arbeitgeber und Nutznießer fremder Arbeit. Die Grenzen fließen.«

Ein Gedicht Tucholskys aus dem Jahre 1932 begann mit den Worten:

»Am Rhein, da wächst ein süffiger Wein-
der darf aber nicht nach England hinein – Buy British!
In Wien gibt es herrliche Torten und Kuchen,
die haben in Schweden nichts zu suchen –
Köp svenska varor!
In Italien verfaulen die Apfelsinen –
laßt die deutsche Landwirtschaft verdienen!
Deutsche kauft deutsche Zitronen!
Und auf jeden Quadratkilometer Raum
träumt einer den völkischen Traum.
Und leise flüstert der Wind durch die Bäume...
Räume sind Schäume.«

Tucholsky schloß sein Gedicht mit den bitteren Worten:

»Die Nation ist das achte Sakrament –!
Gott segne diesen Kontinent.«

Die wirtschaftliche Schwäche Europas war unverkennbar. *Anthony Rothschild*, der spätere Chef des Londoner Bankhauses, war in den Nachkriegsjahren in die väterliche Firma eingetreten. Schon nach kurzer Zeit brachte er ein seiner Meinung nach sehr gutes Geschäft. Der Vorschlag wurde jedoch abgelehnt. Bald darauf stieß ein neuer Vorschlag ebenfalls auf Ablehnung. »Aber das zweite Geschäft wäre doch sogar noch besser gewesen als das erste!« protestierte Anthony. »Mein Sohn«, sagte daraufhin der alte Rothschild, »merke Dir eines: Es gibt Zeiten, in denen es das beste Geschäft ist, kein Geschäft zu machen!«

Konrad Adenauer hatte als Oberbürgermeister von Köln in den zwanziger Jahren in der neugebauten Messehalle eine Frühjahrs- und Herbstmesse ins Leben gerufen, die schwer mit der Wirtschaftskrise zu kämpfen hatte. Dementsprechend ging damals in Köln das Scherzwort um: »Adenauer wird Doktor der Theologie h.c. Begründung: Er läßt jährlich zwei stille Messen abhalten.«

Auch der Filmkonzern UFA hatte unter der Wirtschaftskrise zu leiden, weshalb Geheimrat Hugenberg, der Mehrheitsaktionär, den Direktor der Württembergischen Vereinsbank, *Ferdinand Bausback*, als Sparkommissär einsetzte. Bausback nahm seine Tätigkeit mit Eifer, aber ohne besondere Sachkenntnis auf. »Waren diese neuen elektrischen Kameras unbedingt notwendig?« fragte er bei seinem ersten Atelierbesuch. »Unbedingt, Herr Direktor!« »Und mit wieviel Volt werden die Kameras betrieben!« »Mit 220 Volt«, antwortete der Kameramann. Darauf Bausback mit erhobenem Zeigefinger: »Dabei muß es aber auch bleiben...!«

Das Sparen nützte aber nur wenig. Nach dem Schwarzen Freitag an der New Yorker Börse im Jahre 1929 wurde Europa von der Wirtschaftskrise mit voller Wucht getroffen. Um die Auswirkungen dieser Krise zu mildern wurde die Bank für den Internationalen Zahlungsausgleich mit dem Sitz in Basel gegründet. Der österreichische Bankier Felix Somary traf in Baden-Baden den deutschen Reichsbankpräsidenten Halmar Schacht, der mit Vertretern der First National Bank von New York das Statut der neuen Bank ausarbeiten sollte. Schacht zeigte Somary den Entwurf der

Satzungen und fragte: »Was halten Sie davon?« Somary antwortete: »Ave, Cäsar, moratoria te salutant!«

Den verderblichen Kreislauf der Wirtschaftskrise charakterisierte eine Geschichte, die man sich damals in Europa erzählte: Ein Arbeiterkind fragt die Mutter: »Warum heizen wir nicht?« – »Weil es keine Kohle gibt.« – »Warum haben wir keine Kohle?« – »Weil dein Vater arbeitslos ist.« – »Warum ist Vater arbeitslos?« – »Weil es zu viel Kohle gibt!«

Die allgemeine Wirtschaftskrise begünstigte den Aufstieg der Diktatoren. Das wurde aber nicht allseits erkannt. So schrieb *Harold Laski*, der Leiter der angesehenen London School of Economics, im November 1931 im »Daily Herald«: »Wenn nicht ein besonderer Zufall eintritt, wird Hitler sehr wahrscheinlich seine Laufbahn als alter Mann in irgendeinem bayrischen Dorf beenden, wo er dann abends im Biergarten seinen Freunden erzählt, wie er einmal beinahe das Deutsche Reich auf den Kopf gestellt habe.«

Der bekannte amerikanische Journalist *H. R. Knikkerbocker* schrieb ein Buch, dessen Umschlag ein Hakenkreuz und einen Sowjetstern und darüber den lapidaren Titel aufwies: »Deutschland – so oder so.« Das war eine Frage, die damals viele Menschen bewegte. So sagte *Paul Hörbiger*, der am Beginn der dreißiger Jahre in Berlin lebte, zu *Egon Friedell*, der sich zu einem Kabarettgastspiel in der Reichshauptstadt aufhielt: »Was die Kommunisten wollen, das weiß ich. Aber sagen Sie mir, Dr. Friedell, was wollen eigentlich die Nazis? Was ist der Unterschied zwischen den beiden?« »Das ist ganz einfach«, erwidert Friedell. »Ein

Marxist ist ein Mensch, der ›Das Kapital‹ nicht gelesen hat. Und ein Nationalsozialist ist ein Mensch, der ›Mein Kampf‹ nicht gelesen hat.«

Der konservative englische Unterhausabgeordnete *Robert Boothby* kam im Jahre 1932 nach Deutschland, um ebenfalls zu ergründen, was die Nationalsozialisten eigentlich wollen. Er wurde von Adolf Hitler in dessem Berliner Residenz, dem Hotel Kaiserhof empfangen und mußte sich eine lange Darstellung des Unrechts anhören, das der Versailler Vertrag Deutschland zugefügt hatte. Hitler schloß seine Ausführungen mit den Worten: »Was würden Sie dazu sagen, wenn man nach dem letzten Krieg Schottland von England durch einen Korridor getrennt hätte?« Worauf Boothby zur Verblüffung des künftigen Reichskanzlers erklärte: »Herr Hitler, Sie vergessen, daß ich Schotte bin. Wir Schotten wären begeistert gewesen!«

Nach dem großen Erfolg seines Buches »Deutschland – so oder so« veröffentlichte Knickerbocker im Jahre 1932 ein Werk unter dem Titel: »Kommt Europa wieder hoch?« Um Material für das Buch zu sammeln, unternahm er eine Reise über 6000 km, die ihn nach Prag, Budapest, Mailand, Rom, Basel, Paris, Brüssel, Berlin und London führte. Über seinen Aufenthalt in Wien schrieb Knickerbocker: Ein Wiener Bankdirektor sagte zu mir: »Mit der Krise ist es so schlimm geworden, daß heute der Optimist zum Pessimisten sagt: ›Wir werden noch alle betteln gehen müssen.‹ und der Pessimist ihm antwortet: ›Ja – aber bei wem?‹«

Im Gegensatz zu dem Wiener Bankdirektor war Knickerbocker durchaus optimistisch. Das Fazit seiner 6000 km langen Europareise lautete: »Die Regierungen bleiben stabil. Revolution kommt nicht ernsthaft in Betracht. Ein Bürgerkrieg erscheint nirgend glaubhaft. Der Krieg ist ferner denn je. Die Mehrzahl von den 400 Millionen Europas lebt besser als je zuvor. Die Leichenwäscher haben das Wohnzimmer Europas verlassen, und die Krankenwärterin füttert den Patienten mit Brühe. Ein Rückfall kann noch kommen, aber die Besserung ist zweifellos da. Der Patient kann vielleicht nicht morgen schon aufstehen und spazierengehen, aber er weiß, daß er nicht sterben wird. Europa kommt wieder hoch.«

An falschen Propheten war damals kein Mangel. Der ansonsten so scharfzüngige und scharfsichtige »Simplicissimus« veröffentlichte in seiner Neujahrsnummer 1933 das folgende Gedicht:

»Geht mit euren Horoskopen,
denn ihr prophezeiet schlecht!
Pessimisten, Misanthropen
haben leider meistens recht.
Eins nur läßt sich sicher sagen,
und das freut uns rundherum:
Hitler geht es an den Kragen.
Dieses ›Führers‹ Zeit ist um!«

Weniger als einen Monat später war Adolf Hitler an der Macht und *Max Liebermann*, der bekannte Berliner Maler, kommentierte die Lage mit den Worten: »Mensch, man kann gar nicht so viel fressen wie man kotzen möchte!«

Der Kommentar des Berliner Bankiers *Emil Fürstenberg* zur Machtergreifung lautete: »Jetzt sind wir über dem Berg. Von nun an geht es bergab.«

Es gab aber auch viele Gutgläubige. Richard Coudenhove-Kalergi, der Begründer der paneuropäischen Bewegung erhielt im Frühjahr 1933 in Wien den Besuch des Geopolitikers, General *Karl Haushofer*, der ihm vor allem vom Stellvertreter des Führers, Rudolf Hess, vorschwärmte. Nachdem Haushofer mit seinen Elogen geendet hatte, fragte Coudenhove-Kalergi: »Wenn dieser Hess wirklich so ein netter Mensch ist, warum ist er dann ein Nazi geworden.« Haushofers Antwort: »Er ist Nazi geworden, weil er Adolf Hitler begegnet ist. Wäre er Ihnen begegnet, wäre er Paneuropäer geworden.«

Die Hoffnung, das neue Regime werde sich nach einer gewissen Anlaufzeit moderieren, erfüllte sich nicht. Am 30. Juni 1934 wurden in der »Nacht der langen Messer« der Stabsführer der SA, Ernst Röhm, zahlreiche seiner Mitarbeiter und andere politische Persönlichkeiten, darunter der ehemalige Reichskanzler Kurt von Schleicher, ermordet. Bald darauf zirkulierte in Deutschland ein böses Witzwort: »Die Verfassung wird geändert. Der Artikel I lautet in Zukunft: Der Führer ernennt und erschießt die Reichsminister selbst.«

Am 25. Juli 1934 ermordeten Nationalsozialisten, die in den Regierungssitz am Ballhausplatz eingedrungen waren, den österreichischen Bundeskanzler Dr. Engelbert Dollfuß. Franz von Papen, der mitangesehen hatte, wie einige seiner Freunde und Mitarbeiter in der Nacht der langen Messer liquidiert worden waren, ließ sich nach dem Attentat, das die Beziehungen zwischen den beiden Ländern schwer belastet, als Botschafter nach Wien schicken. Nach seinem Eintreffen zirkulierte in diplomatischen Kreisen der Bundeshauptstadt das Wort: »Qui mange du Papen en meurt...«

Das kleine Österreich das nach der Ausschaltung des Parlaments am Beginn des Jahres 1933 ein »christlich-deutscher Ständestaat auf autoritärer Grundlage« geworden war, sah sich mit Gegnern diesseits und jenseits der Grenzen konfrontiert. Das autoritäre Regime errichtete in Wöllersdorf bei Wien ein Anhaltelager für Sozialisten und Nationalsozialisten. In Deutschland, wo man sich des Unterschiedes zwischen diesem Lager und den Konzentrationslagern des Dritten Reiches wohl bewußt war, spottete man: »In Wöllersdorf haben sich die Zustände sehr gebessert. Die Wachen werden neuerdings weniger geschlagen...«

Man erzählte auch, der Polizeipräsident von Wien habe folgende Bekanntmachung erlassen: »Wer auf den Fürsten Starhemberg schießt, wird mit 100000 S bestraft. Wer auf den Innenminister Fey schießt, wird mit 200000 S bestraft. Auf den Bundeskanzler Schuschnigg darf überhaupt nicht geschossen werden.«

Viele österreichische Sozialdemokraten waren nach dem Bürgerkrieg im Februar 1934 emigriert. In Brünn, wo sich das Hauptquartier der Exil-Partei befand, wollte der Parteivorsitzende Otto Bauer in der illegalen »Arbeiter-Zeitung«, die nach Österreich geschmuggelt wurde, einen Aufruf veröffentlichen, der mit den Worten schließen sollte: »Es lebe die Diktatur des Proletariats!« Diese Formulierung unterblieb aber nach längerer Debatte, in deren Verlauf *Julius Deutsch*, der Führer des republikanischen Schutzbundes, erklärt hatte: »Um Krebskranke zu retten, bedarf es zweifellos einer Krebsoperation. Es wird aber niemandem einfallen, deswegen zu rufen: ›Es lebe die Krebsoperation!‹«

In Deutschland stellte sich bald heraus, daß der Nationalsozialismus gewillt war, alle Lebensbereiche unter seine Kontrolle zu bringen. *Richard Strauss*, erster Präsident der Reichsmusikkammer, hatte, wie jeder »Musikschaffende«, für die Aufnahme in die Kammer einen Fragebogen auszufüllen. Eine Frage lautete: »Wie können Sie Ihre Komponisteneigenschaft sonst beweisen? (Benennung von zwei bekannten Komponisten als Bürgen).« Strauss schrieb: »Bürgen: Wolfgang Amadeus Mozart und Richard Wagner.«

Die Säuberung der deutschen Musik machte auch vor den Texten nicht halt. Händels »Judas Maccabäus« wurde in »Der Feldherr« umbenannt. Als *Hans Pfitzner* den neuen Namen hörte, sagte er: »Jetzt sollte man die Feldherrnhalle in Judas-Maccabäus-Halle umbenennen.«

Die Nationalsozialisten bemühten sich anfangs sehr um *Oswald Spengler*, von dem Thomas Mann gesagt hatte, er sei »Nietzsches kluger Affe«. »Sie bekennen sich doch auch zur Bedeutung der Rasse«, meinte ein prominenter Vertreter des Dritten Reiches im Gespräch mit Spengler. »Das ist ein Mißverständnis«, erwiderte der Autor des »Unterganges des Abendlandes«. »Ich spreche von der Rasse, die man hat, Sie reden von der Rasse, der man angehört. Das eine ist Ethos, das andere ist Zoologie.«

Spengler, der einmal gesagt hatte, die NSDAP sei die Organisierung der Arbeitslosen durch die Arbeitsscheuen, wurde gefragt, was er von Alfred Rosenbergs Werk »Der Mythus des 20. Jahrhunderts« halte. »Gar nichts«, antwortete Spengler. »Das ist ein Buch, an dem nichts stimmt außer den Seitenzahlen.«

Fred Endrikat schrieb ein Verslein unter dem Titel »Moralin«, in dem er sich über die Reglementiersucht des Dritten Reiches mit den Worten lustig machte:
»Deutsche Frau betrage dich,
wie es sich gezieme.
Deutsche Hausfrau: Rauche nicht.
Deutsche Dame: prieme.«

Der Schriftsteller und Kritiker *Alfred Kerr* dichtete im englischen Exil über die Zustände in Deutschland:
»Was in der Kunst erlaubt ist,
und was ihr Sinn überhaupt ist,
bestimmt ein provinzialer
Ansichtskartenmaler.«

Über die Diskrepanz zwischen Schein und Wirklichkeit im Dritten Reich ging der Spottvers um:
»Der nach russischer Art regiert,
Sein Haar nach französischer Mode frisiert,
Seinen Schnurrbart nach englischer Art geschoren,
Und selbst nicht in Deutschland geboren,
Der uns den römischen Gruß gelehrt,
Von unseren Frauen viel Kinder begehrt

Und selbst keine erzeugen kann,
Das ist in Deutschland der führende Mann.«

Das Volk merkte auch bald, wie es von der Propaganda an der Nase herumgeführt wurde. So erzählte man sich, in Berlin sei ein Löwe aus dem Tiergarten ausgebrochen und über den Kurfürstendamm gelaufen. Alles flüchtete, nur ein junger Mann sprang von hinten auf den Löwen und erwürgte ihn mit bloßen Händen. Große Begeisterung, bis sich herausstellte, daß der Löwentöter Nichtarier war. Daraufhin erschienen am nächsten Tag die deutschen Zeitungen mit der Schlagzeile: »Feiger Jude erdrosselt wehrlosen Löwen.«

Europäische Kongresse gab es nach wie vor, nur beschäftigten sie sich jetzt nicht mehr mit Abrüstungs- und Reparationsfragen, sondern mit dem Kampf gegen den Faschismus. *Bert Brecht* nahm im Sommer 1935 an einem internationalen Schriftstellerkongreß in Paris teil und schrieb nachher an seinen Freund George Grosz: »Ich kann Dir eine wichtige Mitteilung machen: Wir haben soeben die Kultur gerettet. Es hat vier Tage in Anspruch genommen, und wir haben beschlossen, lieber alles zu opfern als die Kultur untergehen zu lassen. Nötigen Falles wollen wir 10 bis 20 Millionen Menschen dafür opfern.«

Willy Brandt, der nach Norwegen emigriert war, nahm im Mai 1936 an einem internationalen Gewerkschaftskongreß teil, der ebenfalls in Paris tagte. Über den ersten Abend in der französischen Hauptstadt berichtete er nachher: »Nach einem guten Abendessen sagten die Schweden gute Nacht: sie seien müde. Die

7 „Briand, Briand, gib mir meine Garantien wieder." Stresemann im Herbst seiner Locarnopolitik

Der schielende Mussolini

„Wir müssen das eine Auge auf die Friedenstaube, das andere auf die konkreten Notwendigkeiten des Landes richten."
(Mussolini in einer seiner neuesten Reden).

8 Diktator Mussolini: „Wir müssen das eine Auge auf die Friedenstaube, das andere auf die Notwendigkeiten des Landes richten."

dänischen Kollegen meinten, man sollte noch einen trinken. Einer meiner beiden norwegischen Begleiter sagte: ›Willy, jetzt schauen wir uns Paris an.‹ Hätten wir auch einen Finnen dabei gehabt, wären wir vor dem Frühstück nicht nach Hause gekommen.«

Adolf Hitler hatte Joachim von Ribbentrop als Botschafter nach London geschickt, der bei der Überreichung seines Beglaubigungsschreibens am Hof von St. James dem englischen König mit dem deutschen Gruß gegenübertrat. Daraufhin brachte eine Londoner Zeitung am nächsten Tag eine Karikatur. Sie zeigte Ribbentrop als Schüler mit erhobener Hand und den König als Lehrer, der sagt: »Du darfst austreten, Joachim!«

Das bissigste Urteil über den neuen deutschen Botschafter in London stammte von *Jan Masaryk*, dem späteren tschechoslowakischen Außenminister, der erklärte: »Ribbentrop ist ein Weinhändler, der sich für einen Herzog hält...«

Ribbentrop ließ die Londoner Botschaft mit einem ungeheuren Kostenaufwand renovieren und feierte die Fertigstellung mit einem Empfang für 1400 Personen. Das Fest, zu dem auch viele Personen geladen waren, die zur Krönung Georgs VI. nach London gekommen waren, wurde ein großer gesellschaftlicher Erfolg. »Wie hat es Ihnen gefallen?« fragten englische Freunde den französischen Generalstabschef *Gamelin*. »Dieser Abend«, erwiderte Gamelin, »war viel zu schön, als daß er mir gefallen haben könnte.«

Obwohl Churchill damals dem Kabinett nicht angehörte, bestand die Regierung Chamberlain darauf, daß er möglichst bald mit Ribbentrop zusammentraf. Nach der Begegnung sagte Churchill: »Ich nehme an, sie wollten ihm zeigen, daß sie zwar nicht bellen, sich aber einen Hund halten, der im Ernstfall beißt.«

Churchill, den der »New Statesman« das »älteste alte Weib von Europa« genannt hatte, war ein einsamer Warner vor der Aufrüstung der Diktatoren und dem Appeasement der Demokraten. Als er im Unterhaus wieder einmal scharf die Regierung angegriffen hatte, rief ihm ein Abgeordneter zu: »Sie sind ein Rebell!« Churchill replizierte: »Der ehrenwerte Abgeordnete scheint zu glauben, daß alle Regierungen unfehlbar und alle Rebellen nichtswürdig seien. Es hängt aber sehr davon ab, was man unter Regierung und was man unter Rebellen versteht!«

Der französische Botschafter in Berlin, Andrè François-Poncet, war der witzigste Mann in der Reichshauptstadt. Im Gedränge eines Empfanges in der Reichskanzlei trat ein stämmiger Major dem Botschafter auf die Zehen. Der Offizier nahm die Hacken zusammen, verbeugte sich und schnarrte: »Gestatten, von Zitzewitz!« Darauf François-Poncet: »Das ist eine Erklärung, aber keine Entschuldigung!«

In der Wilhelmstraße residierte Reichsaußenminister von Neurath. Sein Sohn und sein Schwiegersohn, Staatssekretär Mackensen, standen ebenfalls im diplomatischen Dienst. Nach einem Besuch im Auswärtigen Amt meinte François-Poncet: »Ich habe den Vater gesehen und den Sohn, aber den Heiligen Geist...«

Der englische Außenminister Eden war zu Besuch in Berlin. Beim Dinner in der Reichskanzlei stellten er und Hitler fest, daß sie im Weltkrieg an der Oise einander gegenübergelegen waren. Auf einer Tischkarte zeichneten die beiden ihre seinerzeitigen Stellungen ein und unterhielten sich bis zum Schluß des Essens über ihre Erlebnisse. Nachher kam François-Poncet, der das Gespräch mitangehört hatte, zu Eden und sagte: »Sie sind ihm gegenübergelegen und haben ihn nicht getroffen? Sie gehören füsiliert!«

François-Poncet besichtigte die alljährliche Gemäldeausstellung im Haus der Deutschen Kunst. Dort hingen unter anderem einige Gemälde von Professor Alfred Ziegler, der wegen seiner photographisch naturgetreuen Wiedergabe von Frauenkörpern der Reichsaktführer, aber auch der Meister des deutschen Schamhaares genannt wurde. Vor einem besonders üppigen Rückenakt bemerkte der Botschafter: »Madame de Berlichingen, wie ich vermute...«

Über nichts wurde im Dritten Reich so offen gewitzelt, wie über die geheime Aufrüstung nach 1933. Man erzählte, daß ein junger Vater seinen Freund, der in einer Kinderwagenfabrik arbeitete, gebeten habe, ihm heimlich die Einzelteile für einen Wagen zu verschaffen. Nach einiger Zeit wurde er gefragt, ob der Wagen bereits fertig sei. »Nein«, antwortete der junge Vater, »ich verstehe das nicht. Wie immer ich auch das Ding zusammensetze – es kommt immer ein Maschinengewehr heraus.«

Nach der Verkündung der »Wehrhoheit« im Jahre 1935 trat an die Stelle der geheimen die offene Aufrüstung, die erst recht zu vielen Scherzen Anlaß gab. So fragte man in Berlin: »Wissen Sie, warum rund um das neue Reichsluftfahrtministerium ein Rasenstreifen angelegt wurde?« Richtige Antwort: »Damit es nicht so klimpert, wenn das Geld beim Fenster hinausgeworfen wird.«

Der französische Außenminister *Pierre Laval* besuchte im Jahre 1935 die Sowjetunion. In einem Gespräch mit Stalin erwähnte Laval, welch positiven Eindruck auf den Papst eine Milderung der kirchenfeindlichen Haltung Moskaus machen würde. Stalin erwiderte mit seiner berühmt gewordenen Frage: »Wie viele Divisionen hat der Papst?«

Auch der amerikanische Zeitungsherausgeber *Randolph Hearst* besuchte die Sowjetunion. Im Verlaufe eines langen Off-the-record-Gespräches mit ihm vertrat Stalin die Ansicht, daß ein deutsch-sowjetischer Konflikt auf die Dauer unvermeidlich sein werde. »Wie wollen Sie mit Deutschen Krieg führen?« fragte Hearst, »Sie haben ja nicht einmal eine gemeinsame Grenze.« Darauf Stalin: »Eine gemeinsame Grenze wird sich finden ...«

In den Dreißigerjahren, als die stalinistischen Säuberungen ihren Höhepunkt erreichten, entstanden einige Witze, die seither in den verschiedensten Varianten in allen Diktaturen erzählt werden. Am bekanntesten wurde der »Vier-Uhr-früh-Witz«, so genannt, weil die Verhaftungen meist um diese Zeit erfolgten: An der Tür einer Moskauer Wohnung wird um vier geklopft. Das Klopfen wird immer stärker, bis es schließlich ein Mieter wagt, zu öffnen. Nach einiger Zeit kommt er mit strahlendem Gesicht zurück und sagte: »Es ist nichts Genossen, keine Beunruhigung, nur das Haus brennt...!«

Zur gleichen Zeit entstanden die unzähligen Varianten des Geständniswitzes, dessen Urform etwa so lautet: Ein Lehrer beklagt sich bei seinem Freund, dem GPU-Kommissar, daß keiner seiner Schüler gewußt habe, wer »Eugen Onegin« geschrieben hat. »Laß mich nur machen«, meint der Kommissar. Nach einer Woche kommt er und sagt: »Sechs von den Burschen haben schon gestanden, daß sie die Autoren sind.«

Hand in Hand mit den Säuberungen entwickelte sich der Personenkult. »Was ist das?« fragte man in Moskau. »Es beginnt mit Stalin, fährt fort mit Stalin und endet mit Stalin?« Richtige Antwort: »Eine Lenin-Feier.«

Ebenso beliebt war die Geschichte vom Puschkin-Denkmal. Zu Ehren des Dichters soll ein Monument errichtet werden. Welcher Entwurf erhält den ersten Preis? Richtige Antwort: »Eine überlebensgroße Statue von Josef Stalin, der einen Band von Puschkins Gesammelten Werken in der Hand hält.«

Hinter vorgehaltener Hand flüsterte man sich in Moskau zu, was *Nikolai Bucharin* einst über den Beherrscher des Sowjetreiches gesagt hatte: »Stalin ist ein Dschingis-Khan, der Marx gelesen, aber nicht verstanden hat.«

In der stalinistischen Ära wurde das Leben für die Ausländer immer unerträglicher. »Es gibt drei gute

Dinge in Rußland«, sagte man damals in diplomatischen Kreisen Moskaus. »Das erste ist der Kaviar. Das zweite ist der Wodka. Das dritte und beste ist ein Ausreisevisum.«

Der französische Botschafter in Moskau, *Robert Coulondre*, gab ein Abendessen. »Wo haben Sie diese köstlichen Langusten her?« fragte ihn ein Vertreter des sowjetischen Außenministeriums. »Aus Paris«, erwiderte Coulondre. »Und die Fasanen?« »Aus Warschau.« »Und das köstliche Obst?« »Aus Kapstadt, durch den Finnischen Meerbusen.« »Und was beziehen Sie aus der Sowjetunion?« fragte der Gast schließlich. »Aus der Sowjetunion«, erwiderte Coulondre, »beziehe ich meine lieben Gäste.«

Im spanischen Bürgerkrieg von 1936 bis 1939 kämpften auf beiden Seiten die Kombattanten des kommenden zweiten Weltkrieges. In der Ebro-Schlacht beobachteten ein deutscher und ein italienischer Stabsoffizier den Kampf ihrer Verbände gegen die Internationalen Brigaden. Plötzlich rief der Deutsche: »Die Italiener ziehen sich ja zurück.« »Ja«, antwortete der Italiener nach einem Blick durch das Fernglas, »sie ziehen sich zurück, aber stolz wie die Löwen!«

In den Reihen der Internationalen Brigaden kämpften viele europäische Intellektuelle. Einer von ihnen, der Dichter Stephen Spender, war vom Führer der englischen KP, *Harry Pollitt*, im Jahre 1936 mit den Worten ermuntert worden: »Geh nach Spanien und falle, Genosse! Wir brauchen einen Byron für die Partei!«

Auch *Julius Deutsch*, der Führer des ehemaligen Republikanischen Schutzbundes in Österreich, kämpfte in Spanien und erzählte in seinen Memoiren die folgende Episode: »Ein Grazer Schutzbündler beklagte sich über das Mißtrauen, das seine Kompagnie-Kameraden gegen ihn hegten, ›Ich bin‹, berichtete er, ›seit meiner Jugend organisierter Sozialdemokrat. Die Kommunisten nehmen es mir übel, daß ich mich von Ihnen nicht bekehren lassen will. Selbst der Hinweis hilft nicht, daß ich mich während der Dollfuß-Zeit in der illegalen Arbeiterbewegung betätigt habe, und man verbreitet das Gerücht, ich sei ein verkappter Faschist.‹ Einige Zeit später traf ich den Mann wieder. ›Alles in Ordnung‹, erklärte er zufrieden. Dann erzählte er, daß er seiner Frau nach Graz geschrieben habe, man halte ihn in seiner Kompagnie nicht für einen richtigen Antifaschisten. Die Frau überlegte nicht lange und wandte sich um Hilfe an den Polizeikommissar ihres Grazer Wohnbezirkes, der seinerzeit ihren Mann verhaftet hatte. Der Polizeibeamte hatte ein menschliches Einsehen, er fertigte eine Bestätigung aus, daß der N. N. als ›Sozialist und illegaler Gewerkschafter‹ polizeibekannt sei. Dieses Dekret eines Polizeibeamten der Dollfuß-Regierung über die politische Unzuverlässigkeit des Mannes in Österreich erwarb ihm die Anerkennung politischer Zuverlässigkeit in der spanischen Kompanie. Sogar die eifrigsten Kommunisten beugten sich der Bestätigung der Grazer Polizei.«

Die Deutschen hatten während des Bürgerkrieges die Tapferkeit der Spanier diesseits und jenseits der Front achten gelernt. Als sich die Legion Condor in Leon verabschiedete, erhob beim Bankett ein spanischer General das Glas und sagte: »Auf die beste Infanterie der Welt: Die deutsche und die spanische!« Darauf replizierte der Kommandeur der Legion, General *von Richthofen*: »Auf die beiden besten Infanteristen der Welt: Den nationalspanischen und den republikanischen!«

Im März 1938 zog Adolf Hitler in Wien ein. *Leo Slezak*, der im Heinrichshof gegenüber der Staatsoper wohnte, sah sich gemeinsam mit Ingenieur *Greiner*, einem Jugendfreund Hitlers, den Einzug vom Balkon seiner Wohnung aus an. »Nun, was sagst du, Leo?« fragte Greiner und deutete auf die jubelnden Massen. »Mein lieber Freund«, antwortete Slezak, »merke Dir eines: Gegen den Weihrauch und gegen den Knoblauch soll man nicht anstinken...!«

Am gleichen Tag, an dem Hitler in Österreich einmarschierte, war Ribbentrop Gast der Regierung Chamberlain im Foreign Office. Als der junge Labourabgeordnete *Anthony Wedgwood Benn* davon erfuhr, sagte er: »Die einzige historische Parallele, die ich mir dazu vorstellen könnte, wäre das Erscheinen Napoleons auf dem Ball des Herzogs von Wellington am Vorabend der Schlacht von Waterloo.«

Vergeblich hatte Österreichs Militärattaché in Rom, Oberst Emil Liebitzky, im italienischen Außenministerium auf den bevorstehenden Einmarsch hingewiesen. Von beamteter Seite wurde ihm zugleich mit der Mitteilung, daß Mussolini sich nicht einmischen werde, der prophetische Kommentar gegeben: »Eines wissen wir: Wenn die Deutschen erst einmal in Innsbruck frühstücken, werden sie in Mailand zu Mittag essen wollen.«

Europa bereitete sich im Sommer des Jahres 1938 auf den Krieg vor. *Carl Zuckmayer*, der aus Österreich emigriert war, besuchte in Paris seinen Kollegen *Jean Giraudoux*, den Autor des bekannten Stückes »Der trojanische Krieg findet nicht statt.« Giraudoux war Staatssekretär im französischen Außenministerium und Zuckmayer hoffte, von ihm Informationen über die politische Lage zu erhalten. Doch als er auf seine Befürchtungen wegen des nahenden Kriegsausbruches zu sprechen kam, beruhigte ihn Giraudoux lächelnd: »Mein lieber Freund, dieser Krieg findet nicht statt.« »Er war«, erzählt Zuckmayer in seinen Erinnerungen, »ein Mann, der in die geheimsten Dossiers der Weltpolitik Einsicht hatte. Ich verließ seinen Amtssitz mit der – zum ersten Mal klaren – Entschlossenheit, Europa baldmöglichst zu verlassen.«

Zu den vielen Schriftstellern, die emigrierten, gehörte auch *Stefan Zweig*, der aus einer vermögenden Familie stammte und eine besondere Beziehung zum Geld hatte. Als er mit *Hermann Kesten* auf dem Oberdeck eines Autobusses durch die Londoner City fuhr, zog er plötzlich den Hut und grüßte. »Wen grüßen Sie?« fragte Kesten. »Die Bank von England.« »Ja, warum denn?« »Ich grüße sie immer«, antwortete Zweig. »Hier liegt das Gold der halben Welt.«

Am 22. September 1938, am Höhepunkt der Sudetenkrise, wandte sich der tschechoslowakische Ministerpräsident *Eduard Benesch* mit einer beruhigenden Radioansprache an die Bevölkerung, die in die vielzitierten Worte ausklang: »Ich habe meinen Plan.« Wenige Tage darauf traten Chamberlain, Daladier, Mussolini und Hitler in München zusammen, die Abtretung des Sudetenlandes wurde beschlossen, und Benesch flog ins Exil nach London. »Der Plan, den Benesch hatte«, spottete man nachher in den Prager Kaffeehäusern, »war ein Aeroplan!«

Im März 1939 marschierten deutsche Truppen in die Rumpf-Tschechoslowakei, das spätere Protektorat Böhmen und Mähren ein, das von den Tschechen »protentokrat« – »für dieses Mal« – genannt wurde. Das Gros der deutschen Truppen war aus den neugewonnen Garnisonen in Österreich gekommen. Die alte Gräfin *Waldstein*, die als Kind schon Königgrätz erlebt hatte, sagte dazu: »Ah, diesmal kommen die Preussen von der anderen Seite...«

Im Protektorat mußten alle Aufschriften und Verlautbarungen zweisprachig sein, was der Bevölkerung gar nicht behagte. So rief einmal ein Straßenbahnschaffner auf dem Wenzelsplatz, als die Garnitur vor dem Narodni Museum hielt, mißmutig aus: »Museum! Museum! Erste Museum war deitsch!«

Im Sommer 1939 begann das Dritte Reich mit seiner Propagandakampagne gegen Polen. Die große Unbekannte war Rußland. Die englische Regierung schickte Stafford Cripps mit dem ausdrücklichen Auftrag der Herstellung möglichst enger Beziehungen als Botschafter nach Moskau. Aber was den Engländern versagt blieb, gelang den Deutschen. Nicht Cripps, sondern Ribbentrop unterzeichnete im Sommer 1939 ein Bündnis mit der Sowjetunion. Ribbentrop erklärte nach seiner Rückkehr, er habe sich im Kreml so wohl gefühlt wie unter alten Kämpfern, worauf man in Berlin spottete: »Der nächste Schritt in den deutsch-sowjetischen Beziehungen ist der Beitritt Stalins zum Antikomintern-Pakt.«

Mussolini kommentierte das deutsch-sowjetische Bündnis mit einer Bemerkung, die über den eigentlichen Anlaß hinaus eine grundsätzliche Erkenntnis im Zusammenleben der Völker darstellte: »Es ist gut, sich eines Kleines zu bedienen, um einen Großen umzubringen. Aber es ist ein Fehler, einen Großen zu benützen, um einen Kleinen zu erledigen.«

Das deutsch-sowjetische Bündnis war eine Voraussetzung für Hitlers Einmarsch in Polen am 1. September gewesen, der den zweiten Weltkrieg auslöste. Als man Winston Churchill fragte, wie es möglich gewesen war, daß die beiden Erzfeinde ein derartiges Bündnis abschließen konnten, erklärte er: »Rußland ist ein Rätsel, eingewickelt in ein Geheimnis, verpackt in einem Mysterium ...«

Churchill war mit Ausbruch des Krieges Marineminister geworden. Charakteristisch für seine Tätigkeit war die Flut von Memoranden, Weisungen und Anfragen, die er täglich diktierte. In einer Notiz an den Zweiten Seelord vom 7. Oktober 1939, die sich mit den ungleichen Aufstiegsmöglichkeiten von Dienstgraden in der Marine befaßte, hieß es am Schluß: »Wenn ein Funker aufsteigen kann, warum nicht auch ein Anstreicher? Offensichtlich steht in Deutschland dem Aufstieg von Anstreichern nichts im Wege!«

Auf den achtzehntägigen Blitzkrieg in Polen folgte die monatelange Periode des Sitzkrieges im Westen. Im März 1940 besuchte der ungarische Außenminister *Te-*

leki, der 1941 Selbstmord beging, den italienischen Außenminister *Ciano*, der 1944 hingerichtet wurde, in Rom. Die beiden betrachteten ihre eigene Zukunft und die Zukunft ihrer Völker recht pessimistisch. Im Verlauf der Besprechungen fragte Teleki: »Spielen Sie Bridge?« »Warum?« fragte Ciano zurück. Darauf Teleki: »Damit wir uns die Zeit vertreiben können, wenn wir zusammen in Dachau sitzen.«

Italien war bei Ausbruch des Krieges neutral geblieben. »Wie viele Divisionen halten Sie an der italienischen Grenze?« wurde der französische Oberbefehlshaber *Gamelin* gefragt. »Wenn Italien mit den Deutschen geht«, antwortete Gamelin, »schicke ich ein Armeekorps an die Grenze; bleibt es neutral, brauche ich zwei; geht es mit uns, kostet es mich drei Korps!«

Am 10. Mai 1940 begann die deutsche Offensive im Westen und Frankreich brach innerhalb weniger Wochen zusammen. Als es bereits geschlagen war, trat Italien am 10. Juni 1940 in den Krieg ein. In Berlin sagte man, Mussolini habe die Kriegserklärung mit den Worten unterzeichnet: »Ich kam, als ich sah, daß er siegte.«

In Italien war die Begeisterung über den Kriegseintritt und die deutschen Verbündeten gering. »Wenn England siegt«, flüsterte man in Rom, »verlieren wir. Wenn Deutschland siegt, sind wir verloren.«

In Paris dagegen erklärte der Schriftsteller *Jean Mistler*: »Werden wir besiegt, gibt es kein Frankreich mehr. Siegen wir, gibt es keine Franzosen mehr.«

Staatspräsident *Lebrun* und die französische Regierung waren nach Bordeaux geflüchtet. Am 21. Juni erschien eine Parlamentsdelegation bei Lebrun, um gegen den Plan, den Kampf von Nordafrika aus weiterzuführen, zu protestieren. Führer der Delegation war der spätere Ministerpräsident der Vichy-Regierung, Pierre Laval. »Herr Präsident«, forderte Laval, »Sie und die Regierung dürfen nicht nach Afrika gehen! Der Kampf darf nicht fortgesetzt werden!« Lebrun schwieg und Laval wiederholte, immer lauter werdend, bis er schließlich schrie, seine Forderungen. »Herr Laval«, schnitt ihm schließlich Lebrun das Wort ab, »je lauter Sie sprechen, desto weniger verstehe ich Sie!«

Laval behielt aber recht, Frankreich kapitulierte und im Sommer 1940 tobte die Luftschlacht über England. Einer, der ihren Ausgang skeptisch beurteilte, war der amerikanische Botschafter in London, *Joe Kennedy*, der Vater des künftigen Präsidenten. Als ihn Clare Booth Luce, die ein Buch über den Krieg schrieb, in London besuchte, sagte er zu ihr: »Ich glaube, ich werde bald heimkommen. Was meinen Sie, was mir am besten stehen würde: Kiefer, Mahagoni oder Bronze?«

Das belagerte England war der Zufluchtsort der europäischen Demokratien. In London saßen die Exilregierungen der Tschechoslowakei, Polens, Norwegens, Hollands und außerdem General de Gaulle an der Spitze der Freien Franzosen. *Henri Fresny* notierte damals in seinem Tagebuch: »Wenn man heutzutage einem Londoner Taxichauffeur zwei Pfund in die Hand drückt, kann man fast sämtliche europäische Hauptstädte bereisen.«

Deutschland war bestrebt, seine Eroberungen zu konsolidieren und so trafen am 24. Oktober 1940 Hitler und Marschall *Petain* zusammen, um ein Programm der Zusammenarbeit zu besprechen. »Wird das Programm auch eingehalten werden?« wurde der französische Staatschef nachher von einem Mitarbeiter befragt. »Es wird ihm gehen wie allen Programmen«, meinte der Marschall. »Sechs Monate wird man brauchen, um es zu besprechen, und weitere sechs Monate, um es zu vergessen...«

Pierre Laval, der an der Spitze der Regierung von Vichy stand, machte sich keine Illusionen hinsichtlich der Unpopularität der Kollaboration. General *Weygand*, der Nachfolger Gamelins, ermahnte ihn einmal: »Sie dürfen keine Maßnahmen setzen, die von 95 Prozent der Bevölkerung abgelehnt werden.« Unbeirrt erwiderte Laval: »Sie irren sich. Es sind 98 Prozent!«

Admiral *Darlan*, die Graue Eminenz des Regimes von Vichy, urteilte einmal über Lavals Kabinett: »In dieser Regierung gibt es zu viele Germanophile und Anglophile und zu wenige Frankophile.«

Die Provinzen Elsaß und Lothringen wurden deutsches Reichsgebiet, was der Bevölkerung nicht sehr gefiel. So beklagte sich ein Elsässer namens Vache über die Eindeutschung seines Namens mit den Worten: »Jetzt nennen sie mich ›Wache‹, aber wenn d'Welsche wiederkumme, dann heißet sie mich ›vache‹ und wenn die Schwobe wiederkumme, dann heißet sie mich ›Kuh‹, und wenn dann d'Welsche wiederkumme, dann heißet sie mich ›Cul‹ und wenn dann d'Schwobe wiederkumme... nei, Arsch will i nit heiße!«

Um die Franzosen für sich zu gewinnen, ordnete Hitler an, daß im Winter 1940 der Sarg mit den sterblichen Überresten des Herzogs von Reichstadt aus der Kapuzinergruft in Wien nach Paris überführt wurde, um im Invalidendom an der Seite seines Vaters beigesetzt zu werden. Die Pariser, die in diesem Winter entsetzlich froren, meinten dazu mürrisch: »Statt der Asche hätte er uns lieber Kohlen schicken sollen.«

Am 12. November 1940 traf der sowjetische Außenminister Molotow in Berlin ein. Bei der Vorbereitung des Besuches warf die Protokollabteilung des Auswärtigen Amtes die Frage auf, ob bei der Ankunft die Internationale, die damals noch die offizielle sowjetische Hymne war, gespielt werden solle. Nach längerer Beratung wurde entschieden, daß nur der Präsentiermarsch gespielt werden solle. Den Ausschlag hatte der Dolmetscher des Auswärtigen Amtes, Gesandter *Paul Schmidt*, gegeben, der erklärt hatte: »Wenn wir die Internationale spielen, werden viele Berliner, die sich noch an den Text erinnern, mitsingen können...«

Hitler und Ribbentrop betonten in ihren Gesprächen mit *Molotow* immer wieder, daß England bereits geschlagen sei. An Deutschland und der Sowjetunion sei es nun, sich über die Teilung der Beute zu einigen. Auch als am Abend ein englischer Luftangriff die Übersiedlung der Gesprächspartner in den Luftschutzkeller nötig machte, wurde Ribbentrop nicht müde zu versichern, daß England bereits geschlagen sei. Schließlich sagte Molotow, der fast die ganze Zeit geschwiegen hatte: »Eine Frage, bitte! Wenn England bereits geschlagen ist, warum sitzen wir dann hier im

Luftschutzkeller, und wem gehören die Bomben, die da draußen fallen?«

Ungewißheit herrschte an der Jahreswende 1940/41 vor allem hinsichtlich der weiteren Entwicklung auf dem Balkan. Charakteristisch war ein Ausspruch des Königs von Bulgarien über die Neutralität seines Landes: »Meine Generale sind germanophil, meine Diplomaten sind anglophil, die Königin ist italophil und das Volk ist russophil. Der einzige Neutrale in Bulgarien bin ich.«

Hitler ernannte den ehemaligen Bürgermeister von Wien, *Hermann Neubacher*, zum Sonderbotschafter für den Balkan. Im Gegensatz zu Ribbentrop und den übrigen Persönlichkeiten im Führerhauptquartier kannte Neubacher den Balkan und seine Probleme gründlich. In einem Gespräch mit Marschall Antonescu kam der Staatsführer auf die Gefahr einer politischen Krise in seinem Lande zu sprechen. »Herr Marschall«, sagte ihm Neubacher, »trotz allem sind Sie ein glücklicher Staatsmann. Sie regieren ein Land in dem es immer eine Krise und nie eine Katastrophe geben wird.«

Neubacher hatte es nicht leicht. Als der rumänische Außenminister Prinz Michele Sturzda bei der deutschen Botschaft wegen der Intervention der deutschen Wehrmacht gegen die betont deutschfreundliche Eiserne Garde protestierte, erhielt er die Antwort: »Wir brauchen keine Freunde. Wir haben Panzerdivisionen.«

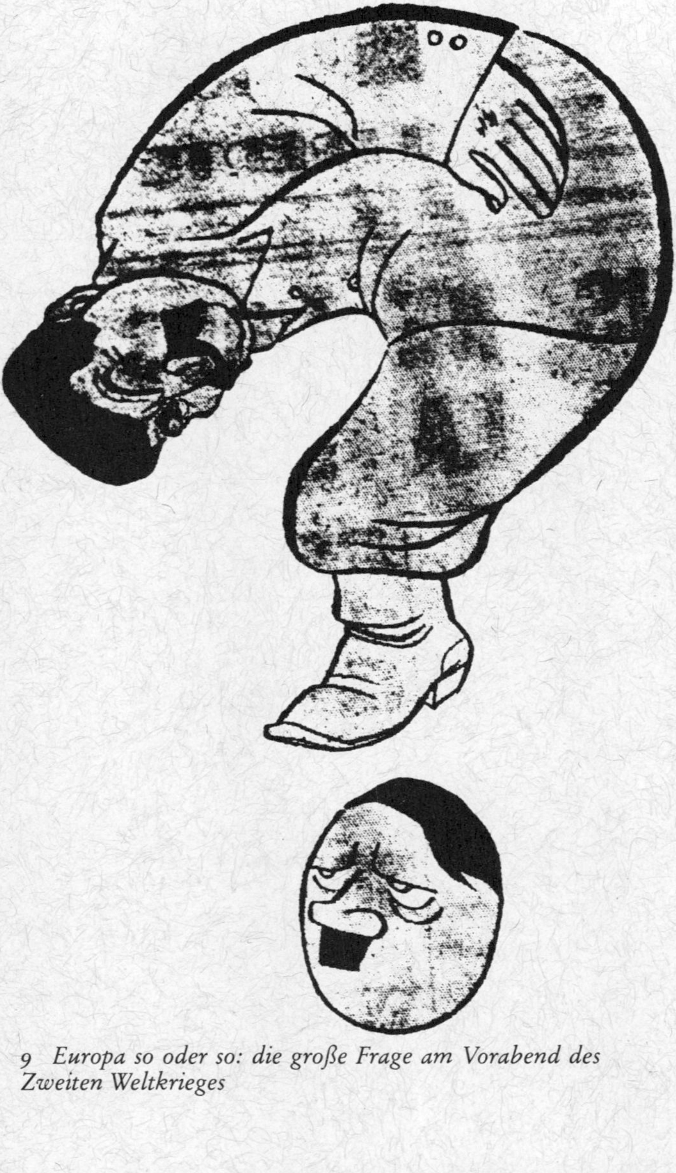

9 *Europa so oder so: die große Frage am Vorabend des Zweiten Weltkrieges*

10 Entspannung auf österreichisch: „Und jetzt noch die Reblaus, Julius, und dann san s' waach."

Angesichts solcher Vorkommnisse war es kein Wunder, daß Neubacher eines Tages im Führerhauptquartier erschien und erklärte: »Wo ist eigentlich die geheime Dienststelle, die feststellt, welche politischen Fehler wir noch nicht gemacht haben?« Als man verständnislos zurückfragte, was er damit meine, antwortete Neubacher: »Eine solche Dienststelle muß es geben. Andernfalls könnte ich mir nicht erklären, daß es beinahe keinen Fehler gibt, den wir noch nicht begangen haben!«

Am 22. Juni 1941 marschierte die deutsche Wehrmacht in der Sowjetunion ein. Noch am selben Tag hielt Churchill, der zeit seines Lebens den Kommunismus bekämpft und 1919 die Intervention der Alliierten in Rußland befürwortet hatte, eine Rede im Unterhaus. »Das wird nicht leicht werden für Sie«, meinte sein Privatsekretär. »Colville«, erwiderte Churchill, »wenn Hitler morgen in die Hölle einmarschiert, würde ich im Unterhaus zumindest eine nette Bemerkung über den Teufel machen!«

Auch Mussolini wollte, obwohl die italienischen Truppen in Albanien, Griechenland und Afrika schwere Niederlagen erlitten hatten und es an Waffen und Material fehlte, unbedingt am Feldzug in Rußland teilnehmen. Nachdem das Kabinett die Entsendung eines Expeditionskorps an die Ostfront beschlossen hatte, jammerte der italienische Finanzminister: »Das einzige, was mich noch wundern könnte, wäre ein schwangerer Mann. Sonst haben wir schon alles gehabt.«

In Rußland brachte der große Vaterländische Krieg, wie er genannt wurde, die Rückkehr zu vielen Traditionen. So gab es Orden und Uniformen mit Schulterstücken und vielen Verzierungen nicht nur für die Armee, sondern auch für so viele Berufs- und Bevölkerungsgruppen, daß der Schriftsteller *Ilja Ehrenburg* schließlich sagte: »Warum gibt es eigentlich keine Uniformen für Schriftsteller? Vielleicht mit Epauletten mit ein, zwei und drei Federn?«

In den Moskauer Kinos spielte man jetzt auch die englischen Wochenschauen. *Alexander Werth*, der als Kriegskorrespondent in der sowjetischen Hauptstadt weilte, hörte, wie ein Mädchen zu seiner Freundin sagte, als das »God save the king« erklang: »Steh auf, das ist die Internationale auf englisch!«

Der Krieg im Osten verschlang so viele Menschen, daß Italiener, Rumänen, Ungarn, Freiwilligenverbände aus den besetzten Gebieten und die Blaue Division aus Spanien eingesetzt werden mußten. Bei der Behandlung dieser Hilfstruppen hatte man nicht immer eine glückliche Hand. »Exzellenz«, sagte der französische Ministerpräsident Laval bei einem Besuch im Führerhauptquartier zu Hitler, »Sie wollen den Krieg gewinnen, um Europa zu bauen. Sie sollten aber Europa bauen, um den Krieg zu gewinnen.«

Bei anderer Gelegenheit beschwor Laval Hitler seine Vorstellungen von der neuen europäischen Ordnung zu präzisieren und begründete sein Verlangen mit den Worten: »Eine Erklärung von zwanzig Zeilen wäre 20000 Flugzeuge und 40000 Panzer wert.«

Tatsächlich war Hitlers neue Ordnung für Europa eher eine Unordnung. Der italienische Außenminister Graf Ciano hat in seinem Tagebuch, das nach seiner Hinrichtung veröffentlicht worden ist, einen Witz aufgezeichnet, der im Jahre 1942 in allen europäischen Ländern erzählt wurde. Der ungarische Gesandte erscheint bei Präsident Roosevelt und sagt: »Herr Präsident, ich überbringe die Kriegserklärung des Königreichs Ungarn an die Vereinigten Staaten von Amerika.« Erstaunt fragte Roosevelt: »Der König von Ungarn erklärt mir den Krieg?« »Nein, Herr Präsident, wir haben keinen König, sondern den Admiral Horthy.« »Dann wird also die ungarische Flotte gegen uns Krieg führen?« »Nein, Herr Präsident, wir haben zwar einen Admiral, aber keine Flotte.« »Dann stellen Sie wohl territoriale Ansprüche an die Vereinigten Staaten?« »Nein, Herr Präsident, die territorialen Ansprüche stellen wir nicht an Amerika, sondern an Rumänien.« »Dann werden Sie also Rumänien auch den Krieg erklären?« »Nein, Herr Präsident, Rumänien werden wir nicht den Krieg erklären, denn Rumänien ist unser Verbündeter.« Da greift sich Roosevelt an den Kopf und fragt: »Was soll denn das alles bedeuten?« »Herr Präsident«, antwortet der ungarische Gesandte, »das ist die neue europäische Ordnung.«

Trotz aller Rückschläge gab es Freiwilligenverbände, die bis zuletzt brav auf deutscher Seite kämpften. Als die Brigade Nederland unter General Syffardt an der Narwafront vernichtend geschlagen wurde, sangen die wenigen Überlebenden auf dem Rückzug in den Klängen von »Lili Marlen«:

»Auf dem Weg nach Narwa, da steht ein Bataillon,
Das sind die letzten Reste von Nederlands Division.

Sie mochten so gerne Moskau sehn,
Aber leider mußten sie stiften gehn,
Wie einst Napoleon.«

Ebenfalls zur Melodie von Lili Marlen sang man zu dieser Zeit in Deutschland:
»Schweinefleisch ist teuer,
Ochsenfleisch ist knapp,
Gehn wir mal zu Meier,
Ob der noch Knochen hat,
Und alle Leute soll'n es sehn,
Wenn wir bei Meier Schlange stehn,
Wie einst Lili Marlen...«

In Frankreich war die Papierknappheit so groß, daß die Bevölkerung von Paris aufgefordert wurde, die Metrofahrscheine nicht wegzuwerfen, sondern zu sammeln. Daraufhin erzählte der Conferencier in einem Pariser Kabarett: »Wenn Sie ihren Metrofahrschein aufheben, können Sie darin zum Beispiel Ihre Fleischration einwickeln. Sie müssen aber vorher das Loch zukleben, das der Schaffner geknipst hat, sonst rutscht sie durch.«

Stalin drängte auf die Eröffnung der sogenannten zweiten Front. Englands Außenminister Anthony Eden machte ihn bei einem Besuch in Moskau darauf aufmerksam, daß dies nicht nur eine militärische Frage sei, sondern daß man auch auf die öffentliche Meinung in England Rücksicht nehmen müsse. Stalin wies ihn mit den Worten zurecht: »Wir haben auch eine öffentliche Meinung, nur äußert sie sich anders. Ich habe in meinem Leben drei Revolutionen mitgemacht...«

Auf der Konferenz von Casablanca am Beginn des Jahres 1943 beschlossen die Alliierten die Forderung nach bedingungsloser Kapitulation Deutschlands. Vor der Abreise zu dei Konferenz hatte General *de Gaulle* in London eine Unterredung mit Eden. Der General, der damals nur über verhältnismäßig schwache Streitkräfte verfügte, war ungeachtet dessen ein unangenehmer Gesprächspartner, denn er glaubte unerschütterlich an die Größe Frankreichs. »Herr General«, sagte Eden schließlich verzweifelt, »Sie machen uns mehr Schwierigkeiten als alle übrigen Verbündeten zusammengenommen.« »Schon möglich«, erwiderte de Gaulle, »aber vergessen Sie nicht, daß Frankreich eine Großmacht ist...!«

In Casablanca sagte *Roosevelt* zu Churchill: »General de Gaulle kommt mir vor wie die Jungfrau von Orleans.« »Mir auch«, erwiderte Churchill. »Aber meine Bischöfe erlauben leider nicht, daß ich diese Jungfrau verbrennen lasse.«

De Gaulles Version seiner ständigen Auseinandersetzungen mit dem englischen Verbündeten lautete: »Ich werde böse, wenn ich recht habe. Churchill wird böse, wenn er unrecht hat. Kein Wunder, daß wir dauernd böse aufeinander sind...«

Einmal sagte de Gaulle zum britischen Premierminister: »Ich fürchte, Sie werden mich noch eines Tages als Gefangener auf die Insel Man schicken.« »Niemals«, erwiderte Churchill. »So bedeutende Gefangene wie Sie kommen in den Tower!«

Streitkräfte de Gaulles hatten die vor der amerikanischen Küste gelegene kleine Inselgruppe Saint-Pierre-et-Miquelon besetzt. Das amerikanische Außenministerium veröffentlichte daraufhin ein Kommunique, in dem es hieß: »Die Aktion der sogenannten Freien Französischen Streitkräfte wird verurteilt.« Nach Erhalt dieser Veröffentlichung sagte de Gaulle zu seinem Sekretär: »Wir werden jetzt eine Note an das sogenannte State Department richten.«

Spät aber doch entschlossen sich die Alliierten, das unter Führung de Gaulles stehende Nationalkomittee als rechtmäßige Regierung Frankreichs anzuerkennen. Als man den General auf einer Pressekonferenz fragte, was er dazu zu sagen habe, erklärte er: »Die französische Regierung empfindet es als Genugtuung, daß man so gütig ist, sie bei ihrem Namen zu nennen.«

De Gaulle wurde von seinen Landsleuten verehrt, aber manchmal auch verspottet. So meinte *Francois Mauriac* einmal: »Armes Frankreich! Zuerst die Niederlage und anschließend Petain! Dann der Sieg und anschließend de Gaulle!«

Nach der Landung der Alliierten in Nordafrika, rückten die deutschen Truppen in das bisher unbesetzt gebliebene Südfrankreich ein. Die Schweizer Armee hielt daraufhin so viele Alarmübungen ab, daß ihr Oberbefehlshaber, General *Guisan*, schließlich erklärte: »Man hat schon vor dem Krieg gesagt, daß man die Schweizer Armee nicht bekämpfen werden wird müssen, weil sie ohnehin aus Erschöpfung und an Schlafmangel zugrunde gehen wird. In diesem Witz steckt leider viel Wahrheit.«

Die Landung in Nordafrika war der erste Schritt auf einem Wege gewesen, der schließlich zum Fall von Rom im Juni 1944 führte. Bald darauf traf Winston Churchill in der italienischen Hauptstadt ein. Bei einem Empfang für die Vertreter der neugegründeten Parteien fragte Churchill den Anführer einer kleinen Gruppe: »Welche Partei repräsentieren Sie?« »Wir sind christliche Kommunisten!« lautete die Antwort. Worauf der Premierminister meinte: »Da muß die Nähe der Katakomben für Sie ja eine große Inspiration sein.«

Am 6. Juni 1944 landeten die Alliierten in der Normandie. Neben einigen wenigen Eliteeinheiten bestand die deutsche Abwehrfront an der Invasionsküste nur aus kampfschwachen Verbänden. Darunter befanden sich auch einige Kosakenregimenter russicher Freiwilliger. Als vom Stabe Generalfeldmarschall Rundstedts angefragt wurde, wie sich diese Regimenter bewährten, antwortete der Kommandeur der 709. Infanteriedivision, General *von Schlieben*: »Es ist ein bißchen viel verlangt, daß Russen in Frankreich für Deutschland gegen Amerika kämpfen sollen...«

General de Gaulle setzte einige Zeit nach den ersten Truppen seinen Fuß auf französischen Boden. Während des Vormarsches traf er mit dem letzten Präsidenten der Dritten Republik, Lebrun, zusammen. Nach der Unterredung befragt, wie er über Lebrun urteile, antwortete de Gaulle: »Lebrun mußte als Staatschef aus zwei Gründen scheitern. Er war kein Chef und es gab keinen Staat.«

Nach der Invasion und nach dem Zusammenbruch der Heeresgruppe Mitte an der Ostfront im Sommer

1944 begannen die letzten Verbündeten von Deutschland abzufallen. In Bukarest hielt der rumänische Staatschef, Marschall *Antonescu*, Kriegsrat. »Wir haben den Krieg verloren«, erklärte ein Kabinettsmitglied. »Nein«, erwiderte Antonescu. »Deutschland hat seinen Krieg verloren. Nun ist es an uns dafür zu sorgen, daß wir nicht unseren auch verlieren!«

Rumänien entging trotzdem seinem Schicksal nicht. Wohl blieb der junge König Mihail noch einige Zeit auf dem Thron, doch dann rissen die Sowjets die Macht an sich. Generalstaatsanwalt *Wyschinski*, der aus Moskau nach Bukarest gekommen war, erklärte, nachdem er einige Tage amtiert hatte, verächtlich: »Die Rumänen sind keine Nation, sondern ein Beruf...«

Im Sommer 1944 besuchte eine Partisanendelegation unter der Führung von Tito die sowjetische Hauptstadt. Um Stalin die Verhältnisse auf dem Balkan und den Kampfgeist der Partisanen vor Augen zu führen, erzählte *Milovan Djilas* folgende Geschichte: Ein Türke fragt einen Montenegriner, warum seine Landsleute ständig Krieg führten. »Um zu plündern«, antwortete der Montenegriner. »Wir sind arm und wollen Beute machen. Und warum kämpft ihr?« »Wir kämpfen um Ehre und Ruhm«, antwortete der Türke. Worauf der Montenegriner sagte: »Jeder kämpft eben um das, was er nicht hat.«

General de Gaulle kam im November 1944 nach Moskau. Im Verlaufe seines Gespräches mit Stalin teilte er mit, daß er dem französischen Kommunistenführer Maurice Thorez einen Posten in seinem Nachkriegskabinett anbieten werde. »Das ist gut«, erwiderte Stalin. »Ich an Ihrer Stelle würde Thorez auch nicht einsperren. Zumindest nicht gleich...«

In Griechenland erhoben sich die Kommunisten nach dem Abzug der Deutschen gegen die Regierung, so daß sich die britischen Besatzungstruppen mit einem regelrechten Bürgerkrieg konfrontiert sahen. Churchill, der die Situation an Ort un Stelle studierte, sagte nach seiner Rückkehr zu General de Gaulle: »Am meisten hat mich geärgert, daß sie in Athen auf mich mit Waffen und Munition geschossen haben, die ich ihnen geliefert habe.«

Auf der Konferenz von Jalta am Beginn des Jahres 1945 wurde über das Schicksal Europas nach dem Kriege entschieden. Frankreich war zu den Beratungen aber nicht eingeladen worden, was Francois Mauriac zu der Klage veranlaßte: »Selbst nach seinen größten Niederlagen hat Frankreich stets den ihm gebührenden Platz in der Versammlung der Nationen eingenommen. Jetzt verweigern ihm seine Freunde, was ihm im Laufe der Jahrhunderte seine schlimmsten Feinde nicht einmal im Traum streitig gemacht hätten.«

Der amerikanische Präsident Roosevelt, der als schwerkranker Mann nach Jalta kam, schlug eine Konferenzdauer von fünf oder höchstens sechs Tagen vor. »Ich sehe keine Möglichkeit, unsere Hoffnung bezüglich einer Neuordnung der Welt in fünf oder sechs Tagen zu verwirklichen«, meinte daraufhin Churchill. »Sogar der Allmächtige hat sieben gebraucht.«

Die Beratungen fanden im Schloß von Liwadia statt, das für seine Gärten berühmt war. In einer Verhandlungspause erzählte *Harry Hopkins*, der Berater Roosevelts, Stalin habe ihm gesagt: »Nach der Oktoberrevolution hat Zar Nikolaus gebeten, sich nach Liwadia zurückziehen zu dürfen. Revolutionen werden aber nicht gemacht, damit Zaren Gärtner werden.«

Im April 1945, als der Krieg bereits verloren war, wurde in Norditalien eine letzte faschistische Einsatzbrigade aufgestellt. »Mit diesen Männern«, sagte der Generalsekretär der Faschistischen Partei, *Pavolini*, »kann der Duce bis ans Ende der Welt gehen.« Worauf der Journalist *Carlo Felice* meinte: »Bis dahin ist es ja auch nicht mehr weit!«

In den allerletzten Kriegstagen wurde Premierminister Winston Churchill im Unterhaus gefragt, ob die britische Regierung Vorsorge getroffen habe, daß sich die nach dem ersten Weltkrieg gemachten Fehler nicht wiederholten. »Ich bin ganz sicher«, antwortete Churchill, »daß wir die alten Fehler nicht wiederholen werden. Wir werden aber aller Voraussicht nach eine Menge neuer Fehler machen...«

KAPITEL III

In Sibirien ist es noch kälter

oder

DAS EUROPA DES KALTEN KRIEGES

Wir haben Deutschland geteilt, damit
es kein starkes Deutschland gibt und
jetzt gibt es zwei starke Deutschland.
Andrej Gromyko im Sommer 1955

Der Krieg war zu Ende, Europa lag in Trümmern. Die Schriftstellerin *Anna Seghers,* aus der Emigration zurückgekehrt, faßte ihre Eindrücke von Berlin, in dem die Menschen hungerten und froren, in dem Satz zusammen: »Ein Hexensabbat, in dem es an Besenstielen fehlt.«

Ähnlich lakonisch war das Urteil von *Bert Brecht:* »Berlin ist eine Radierung Churchills nach einer Idee Hitlers.«

Der amerikanische Journalist *Cyrus Sulzberger* wollte aus der Not eine Tugend machen und die Trümmer zur immerwährenden Mahnung bewahren. Er speiste im Jahre 1945 in London mit Adlai Stevenson und Andrej Gromyko, der damals Botschafter in Washington und sowjetischer Delegierter bei der vorbereitenden UNO-Kommission war, als die Rede auf den besten Standort für das künftige Hauptquartier der Vereinten Nationen kam. Stevenson sagte, daß Boston im Gespräch sei und daß Churchill Genf oder Marrakesch, das ihm bei seinen Besuchen im Krieg sehr gut gefallen habe, vorgeschlagen habe. Sulzberger nannte Berlin und erklärte, als Gromyko nach einer Begründung fragte: »Weil es das beste Beispiel dafür ist, was ohne internationale Ordnung geschieht. Sie sollten als Hauptquartier einen runden Turm bauen. Jedes Stockwerk sollte einen Rundbalkon haben. Wenn es dann Unstimmigkeiten gibt, könnten die Staatsmänner die Sitzungen vertagen, hinausgehen und sehen, was geschieht, wenn sie uneins sind.« Sulzberger schloß in seinen Memoiren die Schilderung dieses Gesprächs mit den Worten: »Stevenson lächelte, Gromyko brummte, und niemand dachte, daß ich es ernst meinte. Ich meinte es aber sehr ernst...«

Die Menschen in Mitteleuropa lernten, unter Besatzungsmächten zu leben. In Berlin drangen Sowjetsoldaten in die Villa des Schriftstellers *Alfred Mühr* ein, der ihnen in der Bibliothek die Lenin-Biographie von Valeriu Marcu zeigte. Worauf einer der Soldaten mit einem Blick auf das Umschlagbild fragte: »Das Hitler?«

Auch in der Villa des Schauspielers Paul Hörbiger in Wien erschienen sowjetische Soldaten mit dem Ruf: »Uhra, Uhra!« Freundlich lächelnd sagte daraufhin die alte Tante Karoline zur Mutter Paul Hörbigers: »Leopoldine, die Herren Russen wollen wissen, wie spät es ist.«

Im oberösterreichischen Mühlviertel hielt der Kommandant der sowjetischen Besatzungstruppen bei einem Bankett eine Rede, die mit den Worten schloß: »Die Sonne geht im Osten auf und geht im Westen unter. Das österreichische Volk wird gut daran tun, sich nach dem Licht zu orientieren!« Worauf sich der Staatsbeauftragte für das Mühlviertel, *Johann Blöchl*, erhob und erwiderte: »Der Herr General hat ganz recht, wenn er sagt, die Sonne gehe im Osten auf und im Westen unter. Aber das ist kein Grund, daß sich die Österreicher umorientieren müssen, denn, wo die Sonne am höchsten steht und am wärmsten scheint, dort ist Österreich!«

Der Schrifsteller *Klaus Mehnert*, der während des Krieges in China interniert gewesen war, kam nach der Repatriierung zunächst in ein amerikanisches Lager in Ludwigsburg, wo er als Dolmetscher tätig war. Dort sagte ihm eines Tages ein amerikanischer Unteroffizier vor den angetretenen Lagerinsassen: »Tell these fukkin' Germans...« Pflichtgetreu übersetzte Mehnert: »Der Herr Korporal hat mich beauftragt, allen den Beischlaf ausübenden Deutschen zu sagen...«

In Holland waren die amerikanischen Soldaten, die als Befreier gekommen waren, sehr populär. Eine der Konsequenzen dieser Popularität waren viele uneheliche Kinder, deren Väter schwer zu eruieren waren, da sie bereits in die Vereinigten Staaten zurückgekehrt waren. Schließlich bat der Bischof von Amsterdam den amerikanischen Militärkommandanten zu sich und sagte ihm: »Herr General, in der Bibel steht: ›Gehet hin und mehret euch!‹ Es steht aber nicht: ›Mehret euch und gehet hin...‹«

In Köln hatten die Engländer den früheren Oberbürgermeister der Stadt, Konrad Adenauer, den die Nationalsozialisten abgesetzt und schließlich eingesperrt hatten, zum Chef der Stadtverwaltung eingesetzt. Bereits am 6. Oktober 1945 erhielt er aber ein, vom Militärgouverneur der Nordrheinprovinz, Brigadier *Barraclough*, gezeichnetes Schreiben, in dem es hieß: »Ich bin nicht zufrieden mit dem Fortschritt, der in Köln im Zusammenhang mit der Instandsetzung von Gebäuden, der Straßenreinigung und der Vorbereitung für den kommenden Winter erzielt worden ist. Sie werden daher heute aus Ihrem Amt als Oberbürgermeister von Köln entlassen. Sie werden weder direkt noch indirekt irgendeiner wie auch immer gearteten politischen Tätigkeit nachgehen.«

Adenauer fuhr nach seiner Entlassung in sein Rhöndorfer Heim, setzte sich an seinen Schreibtisch und schrieb auf einen Aktendeckel mit großen Buchstaben: »Absetzung durch die Befreier.« Dann öffnete er die Schreibtischlade und legte die Mappe neben einen anderen Aktendeckel, auf dem stand: »Absetzung durch die Nationalsozialisten.«

Die Besatzungsmächte trafen nicht nur politische, sondern auch wirtschaftliche Fehlentscheidungen. Im Jahre 1945 kam eine britische Delegation unter Führung von *Sir William Rootes*, dem späteren Lord Rootes, in das Volkswagenwerk nach Wolfsburg. Das Urteil der britischen Experten über den Wagen, der dort produziert wurde, war vernichtend. Es lautete: »Das Fahrzeug entspricht in keiner Weise den elementarsten technischen Erfordernissen eines Automobils. Auf Grund seiner Fahreigenschaften und Konstruktion bietet es dem durchschnittlichen Autokäufer kaum einen Anreiz. Es ist zu häßlich und zu laut. Diese Art von Automobil wird sich, wenn überhaupt, höchstens zwei oder drei Jahre lang einer gewissen Popularität erfreuen. Seine Produktion auf kommerzieller Grundlage dürfte sich als glattes Verlustgeschäft erweisen.«

Die amerikanischen Experten waren auch nicht viel klüger. Einige Zeit nach den Briten kam *Henry Ford II* nach Köln, um über das Angebot, das Volkswagenwerk kostenlos zu übernehmen, zu entscheiden. Er hatte den Aufsichtsratsvorsitzenden der Ford-Werke, *Ernest Breech,* mitgebracht. Einer der Verhandlungspartner war Heinrich Nordhoff, der eben zum Direktor des Volkswagenwerkes bestellt worden war. Als Oberst Radclyffe, der Vertreter der britischen Militärregierung, die Frage stellte, ob Ford das Werk übernehmen wolle, wandte sich dieser an Breech, um dessen Meinung zu hören. »Mr. Ford«, sagte der Aufsichtsratsvorsitzende der zweitgrößten Autofirma der Welt, »was man Ihnen hier anbietet, ist keinen roten Heller wert!«

Im Osten Deutschlands wurde die wirtschaftliche Notlage durch umfangreiche Demontagen verschärft. Als der Schriftsteller *Wolfgang Leonhard*, Verfasser des Buches »Die Revolution entläßt ihre Kinder«, mit einem Führer der KP durch den sowjetischen Sektor Berlins fuhr, zeigte er auf ein großes Gebäude und meinte: »Dort sitzen unsere ärgsten Feinde.« »Ein Gefängnis mit ehemaligen Nationalsozialisten?« fragte sein Begleiter. »Nein«, antwortete Leonhard, »das Hauptquartier der sowjetischen Demontagekommandos.«

Viele prominente Wirtschaftsführer saßen im Gefängnis. Friedrich Flick wurde in der Haft mit dem Ausbessern von alten Hosen und Stiefeln beschäftigt. »Herr Flick«, erklärte dazu ein Sprecher der Militärbehörde, »ist jetzt als Flickschneider und Flickschuster tätig.«

Allmählich begannen sich die Verhältnisse zu normalisieren. In Österreich fanden, allerdings unter der Aufsicht der Besatzungsmächte, im November 1945 die ersten freien Wahlen statt. *Karl Gruber*, der nach der Befreiung einige Zeit Landeshauptmann von Tirol

11 De Gaulle, Adenauer und Macmillan: „Aber mein lieber Charles, warum können wir nicht zu dritt leben, das ist doch in Frankreich üblich."

12 Ludwig Erhard, Symbolfigur des deutschen Wirtschaftswunders

gewesen und dann in die Staatsregierung Karl Renners als Unterstaatssekretär der ÖVP eingetreten war, zog im sowjetischen besetzten Niederösterreich von Wahlversammlung zu Wahlversammlung. Einmal, nachdem er seine Rede beendet hatte, stand der sowjetische Bezirkskommandant, der in der ersten Reihe gesessen war, auf und ließ der Versammlung durch seinen Dolmetscher wissen: »Ihr habt jetzt gehört, was der Herr von der Partei gesagt hat. In diesem Bezirk hier wird es genauso gemacht, wie er es sagt!«

Im ersten Kabinett Figl wurde Karl Gruber Außenminister. Nachdem er seine ersten Auslandsreisen absolviert hatte, sagte seine Frau einmal im Scherz zu einem sowjetischen General: »Wenn mein Mann nach Paris fährt, nimmt er mich nie mit.« Worauf der Gesprächspartner lächelnd erwiderte: »Aber liebe gnädige Frau, wer wird mitnehmen einen Samowar nach Tula!?!«

Zwei Weltkriege und die von ihnen ausgelösten politischen Erschütterungen hatten die Landkarte Europas gründlich verändert. So gab es eine Stadt namens Ushorod bezw. Ungwar, die bis 1918 zu Ungarn, dann zur Tschechoslowakei, nach dem Münchner Abkommen wieder zu Ungarn und nach dem zweiten Weltkrieg zur Sowjetunion gehörte. Dementsprechend erzählt man sich folgende Geschichte: »Ein Mann wird gefragt: ›Wo sind Sie geboren?‹ Er antwortet: ›In Ungarn!‹ Und wo sind Sie zur Schule gegangen?‹ ›In der Tschechoslowakei!‹ ›Und wo haben Sie das Gymnasium besucht!‹ ›In Ungarn!‹ ›Und wo leben Sie jetzt?‹ ›In der Sowjetunion!‹ ›Sie müssen aber sehr viel gereist sein.‹ ›Keineswegs. Ich bin aus Ushorod nie herausgekommen!‹«

Der Schriftsteller *Alfred Polgar* sagte nach seiner Heimkehr aus der amerikanischen Emigration ähnliches über die oberösterreichische Landeshauptstadt: »Bis März 1938 lag Linz in Oberösterreich, dann lag es in Oberdonau und jetzt liegt es in der amerikanischen Zone. Viel kommen die Städte herum neuerdings.«

Der französische Außenminister *Georges Bidault* besuchte unmittelbar nach dem Kriegsende Moskau, um bei der sowjetischen Führung um Verständnis für die französischen Ansprüche auf das Saargebiet zu werben. »Saarbrücken«, sagte Bidault zu Stalin, »war schließlich bis zum Ende des ersten Kaiserreiches eine französische Stadt. Natürlich wollen wir es jetzt haben. Sie haben ja auch Königsberg annektiert, obwohl dort 1701 der erste König Preussens gekrönt wurde. Übrigens, wie nennen Sie Königsberg jetzt eigentlich?« »Das ist eine gute Frage«, erwiderte *Stalin* und wandte sich zu den neben ihm sitzenden *Molotow.* »Wie nennen wir jetzt Königsberg?« »Es heißt jetzt Kaliningrad«, versicherte Molotow. Daraufhin brach Stalin in schallendes Gelächter aus und sagte: »Kaliningrad! Wirklich ein hübscher Name!«

Nicht nur geographisch, sondern auch politisch war alles recht kompliziert. So definierte der italienische Außenminister *Carlo Graf Sforza*, gegenüber seinem Landsmann, dem Journalisten Luigi Barzini, den Unterschied zwischen Italien und Frankreich nach dem zweiten Weltkrieg folgendermaßen: »Die Sache ist ganz einfach. Die Italiener müssen eine Niederlage vergessen. Die Franzosen müssen einen Sieg erfinden. Unsere Aufgabe ist unendlich leichter.«

Um das französische Nationalbewußtsein zu stärken, fand am Beginn der kurzen Regierungszeit de Gaulles fast jede Woche eine Militärparade auf den Champs Élysée statt, an der stets das diplomatische Korps teilnehmen mußte. Diese wöchentliche nationale Heerschau war insofern nicht sehr national, als die französische Armee mangels einer eigenen Rüstungsproduktion fast zur Gänze auf amerikanische Hilfslieferungen angewiesen war. Dementsprechend sagte der amerikanische Boschafter in Paris, *Jefferson Caffery*, eines Tages zu Außenminister Bidault: »Ich denke nicht daran, weiterhin einmal wöchentlich früh aufzustehen, um mir auf den Champs Élysée amerikanische Panzer anzusehen, die mit amerikanischem Benzin betrieben, an mir vorbeirollen!«

Amerika blieb nach dem zweiten Weltkrieg in Europa militärisch und durch den Marshallplan auch wirtschaftlich präsent. Das bedeutete aber nicht, daß die Amerikaner jetzt viel mehr über Europa wußten als früher. Während der Pariser Friedenskonferenz saßen Cyrus Sulzberger, Senator Tom Connally, ein Mitglied der amerikanischen Delegation, und Raymond Offray, ein Beamter des Quai d'Orsay, beim Mittagessen. Zwischen *Connally* und *Sulzberger* entspann sich folgender Dialog: »Cy, wo ist Westfalen?« – »In Deutschland, Senator.« – »Man hat dort einen Frieden unterzeichnet, nicht wahr?« – »Ja, den Westfälischen Frieden. Er beendet 1648 den Dreißigjährigen Krieg.« – »Ich weiß, das war, als Napoleon geschlagen wurde!«

In England war im Sommer 1945, nach Beendigung des Krieges in Europa, aber noch vor der Kapitulation Japans, die nationale Konzentrationsregierung durch ein Labour-Kabinett abgelöst worden. Winston Churchill, für den die Wahlniederlage eine schwere Enttäuschung war, wurde von seiner Frau mit den Worten getröstet: »Wer weiß, vielleicht ist es ein verkapptes Glück.« Worauf Churchill antwortete: »Wenn es ein verkapptes Glück ist, dann muß ich sagen, daß es verdammt wirksam verkappt ist.«

Premierminister der Labourregierung wurde *Clement Attlee*, von dem Churchill einmal gesagt hatte, er sei ein »Schaf im Schafspelz«. Tatsächlich war Attlee so bescheiden und unauffällig, daß man bald nach seinem Amtsantritt in London erzählte: »Ein leeres Auto fährt vor dem Haus Downing Street 10 vor. Wer steigt aus? Clement Attlee!«

In Wirklichkeit war Attlee bei aller Bescheidenheit und Zurückhaltung ein erfahrener und entschlossener Politiker. »Demokratie«, definierte er, »bedeutet Regieren durch Diskussion. Dieses Prinzip funktioniert aber nur, wenn man die anderen vom Reden abhält.«

Das allgemeine Streben der Staaten nach nuklearer Macht kommentierte Attlee mit den Worten: »Der Gedanke, daß jede Regierung eine Atombombe haben soll, so wie jede bessere Dame einen Nerzmantel hat, ist deprimierend!«

Außenminister in der Labourregierung wurde der Gewerkschaftsführer *Ernest Bevin*. Als er ins Foreign Office einzog, sagte er in seiner Antrittsrede vor den leitenden Beamten: »Sie sind bis jetzt gewöhnt gewesen, Minister zu haben, die aus vornehmen Schulen kamen. Sie werden sich jetzt zum erstenmal abfinden müssen, einen Minister zu haben, der sein Leben als Arbeiter begonnen hat.« »Das stimmt nicht«, antwortete Unterstaatssekretär *Gladwyn Jebb.* »Wir haben von 1515 bis 1530 den Kardinal Wolsey gehabt und der hat als Schlächtergeselle begonnen.«

Der neue Außenminister verleugnete seine Herkunft nicht. *Sir Robert Bruce Lockhart* berichtet in seinen Lebenserinnerungen, daß Bevin bei Konferenzen und Parties gerne folgende Geschichte erzählte: »Ein Faschist, ein Kommunist und ein Gewerkschaftler sitzen in einem kleinen Boot, das in der Nähe der Küste kentert. Der Faschist geht unter, weil er sofort den Arm zum Gruß erhebt. Nach einiger Zeit geht auch der Kommunist unter, weil er ununterbrochen marxistische Schlagworte von sich gibt und dabei zu viel Wasser schluckt. Der Gewerkschafter dagegen schien schon gerettet, doch dann ging er unmittelbar vor dem Ufer dennoch unter. Er hörte nämlich die Fabriksirene, die den Arbeitsschluß verkündete und da hörte er natürlich sofort auf zu schwimmen.«

Die Sprache des Außenministers ließ an Deutlichkeit nichts zu wünschen übrig. Nachdem Marschall Tito im Jahre 1948 mit der Sowjetunion gebrochen hatte, sagte Bevin zu seinem amerikanischen Kollegen Dean Acheson: »Tito ist zwar ein Schurke, aber jetzt ist er wenigstens ein Schurke, der zu uns hält.«

Kriegsminister im Labourkabinett wurde *Emanuel Shinwell,* der in der Koalitionsregierung der Kriegszeit

Minister für die Brennstoffversorgung gewesen war. Als Churchill von der Ernennung hörte, sagte er: »Jetzt gibt es wenigstens keinen Krieg!« – »Wieso?« fragte man ihn. Churchills Antwort: »Wie Shinwell Brennstoffminister war, hat es auch nie Brennstoff gegeben.«

Mit Verstaatlichung, Planwirtschaft und Austerity versuchte die Labour Party die Folgen des Krieges zu überwinden. Als *Hugh Gaitskell*, der spätere Parteivorsitzende, den Aneurin Bevan einmal eine »ausgetrocknete Rechenmaschine« genannt hatte, noch Energieminister war, forderte er die Bevölkerung im Zuge der Kohlensparmaßnahmen auf, weniger zu baden. Zur Unterstützung seines Appells erklärte Gaitskell, er habe zeit seines Lebens nicht sehr viel gebadet, ohne daß er nachteilige Folgen bemerkt hätte. Daraufhin erklärte Churchill im Unterhaus: »Nach dem Appell des ehrenwerten Energieministers stellt sich die Frage, ob es nicht gestattet ist, die Regierung als lausig zu bezeichnen, da der Ausdruck in diesem Fall ja keine Beschimpfung, sondern lediglich die Beschreibung eines tatsächlichen Zustandes wäre.«

Repräsentant der Austerity-Politik der Labour-Regierung war der Wirtschaftsminister Sir Stafford Cripps. Ihn attackierte der Abgeordnete *Harold MacMillan* im Unterhaus unter Anspielung auf »Fish and Chips«, das beliebte, aber bescheidene Nahrungsmittel der einfachen Leute: »Die Wirtschaftspolitik der Regierung läßt sich mit drei Worten charakterisieren: Fish and Cripps.«

Hand in Hand mit der Austerity ging eine unerhörte Verbürokratisierung des gesamten Lebens. Vor allem die Wirtschaft stöhnte unter der Last der Formulare und Fragebogen. Als der Bauunternehmer *Eric Neate* in Andover in Hampshire eine Fabrik bauen sollte, reichte er die Entwürfe beim Bezirksplanungsausschuß ein. Den Vorschriften entsprechend, wonach beim Neubau von Fabriken auch Grünschmuck vorgesehen sein müsse, hatte Neate an verschiedenen Stellen der Pläne »Sträucher« eingezeichnet. Prompt fragte der Planungsausschuß zurück, welche Arten von Sträuchern vorgesehen seien. Der Baumeister antwortete in einem Schriftsatz, er beabsichtige Urtia diocia, Calystegia spium, Rumex obtusifolius und Taraxacum officinale zu pflanzen. Daraufhin wurde das Projekt genehmigt. Kurz danach kam aber ein Mitarbeiter des Planungsstabes, der Amateurgärtner war, zu seinem Chef und sagte: »Wissen Sie, was der Bursche pflanzen will? Brennesseln, Heckenwinde, Hasenampfer und Löwenzahn!«

Die Bürokratie war so schwerfällig, daß *Lord Samuel,* ein angesehenes Mitglied des Oberhauses einmal seufzte: »Aufgabe der Beamten wäre es, für jedes Problem eine Lösung zu finden. Bei uns finden sie aber für jede Lösung ein Problem.«

Als Protest gegen die Herrschaft der Bürokratie gründete *Lord Stanley of Alderley* einen Klub, dessen Mitgliedschaft an eine einzige Bedingung geknüpft war. Wer dem Klub angehörte, mußte alle Briefe an Behörden mit den Worten schließen: »Sie sind, sehr geehrter Herr, mein ergebener und gehorsamer Diener...«

Winston Churchill war gegen den Rat vieler Freunde auch in der Opposition Führer der Konservativen Partei geblieben und begründete seinen Entschluß mit den Worten: »Mein Pferd mag nicht besonders gut sein, aber es ist noch immer besser, als bei der Infanterie zu dienen.«

Einen großen Teil seiner freien Zeit verbrachte Churchill damit, sein Werk über den zweiten Weltkrieg zu schreiben, für das er schließlich den Nobelpreis für Literatur erhielt. Als er einmal im Unterhaus wegen einiger Entscheidungen, die er als Premierminister während des Krieges getroffen hatte, von einem Labourabgeordneten kritisiert wurde, erwiderte er: »Ich bin bereit, mich dem Urteil der Geschichte zu unterwerfen. Um so mehr, als ich mich entschlossen habe, die Geschichte selbst zu schreiben...«

Churchill hielt sich gerne an der Riviera auf, wo er manchmal auch Gast von Somerset Maugham in dessen Villa Mauresque war. Das veranlaßte *Lord Beaverbrook*, einen alten Weggefährten Churchills, eines Tages zu der verächtlichen Bemerkung: »Maugham. Dieser Päderast!« Worauf Churchill antwortete: »Mag sein, aber bei mir hat er's noch nie versucht!«

General de Gaulle bat Winston Churchill nach Paris, um ihm die Befreiungsmedaille, die höchste Auszeichnung Frankreichs, zu verleihen. Seine Dankansprache begann Churchill mit den Worten: »Ich werde heute englisch sprechen. Ich habe zwar schon Reden auf französisch gehalten, aber das war im Krieg und ich will Sie nicht den schweren Prüfungen vergangener Tage aussetzen!«

Churchills Französisch war tatsächlich einigermaßen eigenwillig. Einmal erschien er auf einem Empfang in der Uniform eines »Elder Brother of the Trinity House«. »Was ist das für eine Uniform?« fragte der französische Botschafter *de Fleariau.* »Ich bin ein älterer Bruder der Dreifaltigkeit«, antwortete Churchill. »Mein Gott«, rief der Botschafter, »welch eine wunderbare Verwandtschaft!«

General de Gaulle, zunächst Ministerpräsident und dann provisorisches Staatsoberhaupt Frankreichs, war über die Niederungen der Alltagspolitik erhaben. Als man ihn einmal mit den Problemen der Lebensmittelversorgung des schwer getroffenen Landes konfrontierte, winkte er mit den Worten ab: »Ich habe Frankreich nicht befreit, um mich mit Makkaronirationen herumzuschlagen!«

Angewidert vom Wiederaufleben des alten Parteienhaders trat de Gaulle schließlich zurück. Kurz vor seinem Abgang erklärte er: »Ein Land, das 283 verschiedene Käsesorten hat, kann man nicht regieren!«

Im Jahre 1948 wurden Weichen für die künftige Entwicklung Europas gestellt. Die Währungsreform in den westlichen Besatzungszonen Deutschlands schuf die Voraussetzungen für den wirtschaftlichen Wiederaufstieg. Die kommunistische Machtergreifung in der Tschechoslowakei und Ungarn sowie die Berliner Blockade signalisieren die Zweiteilung des Kontinents. Zur gleichen Zeit wurde die OEEC gegründet und eine Diskussion eingeleitet, die ein Jahr später zur Gründung des Europarates führte. Der Stichtag für die Währungsreform war der 20. Juni 1948. Nachher erklärte

Professor *Ludwig Erhard,* der die Neuordnung der Währung gegen viele Widerstände durchgesetzt hatte: »Ich habe den Tag bewußt auf einen Sonntag gelegt. Da ist die Bürokratie nämlich reaktionsunfähig.«

Vor dem Inkrafttreten der Währungsreform besprach sich Ludwig Erhard mit General *Lucius Clay,* dem amerikanischen Hochkommissar. »Herr Minister«, sagte Clay, »meine Ratgeber sagen mir, daß Sie mit dieser Währungsreform im Begriffe sind, einen großen Fehler zu begehen.« Erhard erwiderte: »Trösten Sie sich, Herr General, meine Ratgeber sagen das gleiche!«

Eine der wesentlichen Voraussetzungen für den wirtschaftlichen Wiederaufstieg Deutschlands war neben der Währungsreform die Hilfe durch den Marshall-Plan, die freilich Siegern wie Besiegten gleichermaßen zugute kam. Als der Vorsitzende der SPD, *Kurt Schumacher,* eines Tages mit einem auf Besuch weilenden Labourabgeordneten das Mittagessen im Bundestagsrestaurant einnahm, kam es zu einem Streit, wer die Rechnung bezahlen solle. »Seien Sie doch mein Gast«, sagte Schumacher schließlich. »Es ist ja ganz gleich, ob die Rechnung aus deutschen oder englischen Marshall-Plan-Geldern bezahlt wird.«

In der Tschechoslowakei rissen im Februar 1948 die vereinten Sozialdemokraten und Kommunisten die Regierungsgewalt an sich. Am 6. März des gleichen Jahres schied Außenminister *Jan Masaryk,* der Sohn des Staatsgründers der ČSR, durch einen Sturz aus dem Fenster seines Arbeitszimmers aus dem Leben. Kurz vor seinem Tode hatte er zu seinem Sekretär Josef

Josten gesagt: »Svejkovina je u konce« – »Die Schwejkerei ist am Ende!«

Mit der Machtergreifung der Kommunisten begann der Kampf gegen die Kirche. Der Erzbischof von Prag, *Josef Beran*, der bereits während der nationalsozialistischen Zeit im Konzentrationslager Dachau gewesen war, leistete erbitterten Widerstand. Schließlich erschien Justizminister Repicka beim Erzbischof und forderte ihn auf, sich zu unterwerfen. Beran hörte den Minister schweigend an; dann öffnete er einen Kasten, nahm die Häftlingstracht heraus, die er seinerzeit als Häftling in Dachau getragen hatte und sagte: »Gehen wir!«

Auch in der sowjetischen Besatzungszone Deutschlands begann der Wiederaufbau. Dort gab es sogar eine eigene »Aufbauhymne«, deren erste Strophe lautete:
»Die Spatzen vom Alex, die pfeifen es laut,
Hier wird unser neues Berlin aufgebaut.
Die Spatzen vom Alex, die zählen bis acht.
Und immer wieder wird ein Stockwerk gemacht.«

Wie immer in Zeiten der Unterdrückung nahm die Bevölkerung Zuflucht zu bitterem Humor. So erzählte man sich bald nach der Machtergreifung in Prag folgenden Witz: »Bei einer Funktionärsversammlung sagt der Genosse Frantisek: ›Ich habe zwei Fragen: 1. Wann gibt es endlich wieder genug Fleisch und Milch? 2. Wann dürfen wir unsere Verwandten in Wien besuchen?‹ Darauf erwiderte der Vorsitzende: ›Genosse Frantisek, auf diese Fragen kann ich dir heute keine Antwort geben. Ich bitte dich, bis zur nächsten Versammlung Geduld zu haben.‹ Bei der nächsten Versammlung steht dann der Genosse Bogumil auf und erklärt: ›Ich habe drei Fragen: 1. Wann gibt es endlich wieder genug Fleisch und Milch? 2. Wann dürfen wir unsere Verwandten in Wien besuchen? 3. Wo ist der Genosse Frantisek?«

Auch den Budapester Kaffeehauswitz vermochte das neue Regime in Ungarn nicht zu unterdrücken. Dort erzählte man nach der Machtergreifung folgende Geschichte: »Das Mitglied einer Zigeunerkapelle geht zu seinem Primas und sagt: ›Man hört dauernd neue Worte, die ich nicht verstehe. Was bedeuten zum Beispiel Kapitalismus, Kommunismus, Sozialismus und Reaktion?‹ Darauf sagt der Kapellmeister: ›Das ist ganz einfach: Angenommen ein Gast, dem wir aufspielen, gibt uns hundert Forint. Wenn ich alles für mich behalte, ist das Kapitalismus. Wenn ich es gleichmäßig unter uns verteile, ist es Kommunismus. Wenn ich das ganze Geld in eine neue Geige investiere und keiner kriegt einen Groschen davon zu sehen, ist das Sozialismus. Und wenn irgendeiner wagt, etwas dagegen zu sagen, ist er ein lausiger Reaktionär!«

Auch folgende Scherzfragen gingen um: »Warum arbeiten ungarische Arbeiter nicht? Aus Tradition: In Ungarn arbeitet die herrschende Klasse nie. Und warum streiken ungarische Arbeiter nicht? Weil niemand den Unterschied bemerken würde!«

Ernst Reuter wurde im Jahre 1947 zum Berliner Oberbürgermeister gewählt, konnte sein Amt wegen des sowjetischen Vetos, aber erst im darauffolgenden Jahr antreten. Als er nach der Angelobung nach Hause fuhr, blickte er nachdenklich aus dem Wagenfenster und sagte: »Nun bin ich Oberbürgermeister über Trümmer...«

Berlin wurde zum Schauplatz der ersten großen Ost-West-Auseinandersetzung nach dem Krieg. Anfänglich trauten die Amerikaner dem Widerstandswillen der Berliner ebensowenig wie die Deutschen der Verteidigungsbereitschaft des Westens. »Wenn es notwendig ist, müssen Sie mit dem Rücken gegen die Wand kämpfen!« belehrte ein amerikanischer General Ernst Reuter. »Ich bin gerne bereit mit dem Rücken gegen die Wand zu kämpfen«, erwiderte Reuter. »Ich frage mich nur eines: Sind Sie eine Wand?«

Mit der sowjetischen Blockade im Jahre 1948 erreichte der Kampf um Berlin seinen Höhepunkt. Täglich war Ernst Reuter in der hungernden und frierenden Stadt unterwegs, um über die Freiheit zu sprechen. »Von der Freiheit kann der Mensch nicht leben!« hielt ihm ein Zwischenrufer vor. Reuter rief zurück: »Der Fisch lebt auch nicht von Wasser, aber er lebt im Wasser. Der Mensch lebt nicht von der Freiheit, aber er kann nur in Feiheit leben!«

Bei anderer Gelegenheit ermunterte Reuter seine Mitbürger mit den Worten: »Ich weiß, es ist kalt in Berlin. Aber in Sibirien ist es noch viel kälter!«

Das Klima des Kalten Krieges war in ganz Europa zu verspüren. So erschien eines Tages der sowjetische Gesandte beim dänischen Außenminister *Rasmussen*, um sich in ungewöhnlich scharfer Form über einen Artikel in einer Kopenhagener Zeitung zu beschweren. Rasmussen hörte den Gesandten schweigend an und sagte dann: »Die letzte Person, die in solchen Tönen wie Sie eben zu mir geredet hat, war der deutsche Statthalter von Dänemark während des Zweiten Weltkrieges!«

Während man in Berlin um das Überleben kämpfte, trat in Bonn der Parlamentarische Rat als konstiutierende Körperschaft zusammen. Präsident des Rates war *Dr. Konrad Adenauer*, der den Vorsitz souverän handhabte. Einmal beschwerte sich ein Abgeordneter, dessen Wortmeldung übersehen worden war, mit den Worten: »Dabei habe ich Ihrer Beisitzerin, Frau Doktor Weber, mehrmals zugewinkt.« Begütigend antwortete Adenauer: »Frau Dr. Weber ist eine ehrbare Dame. Mit Winken ist da nichts zu machen.«

Die neue deutsche Verfassung, das sogenannte Grundgesetz, statuierte die reinliche Trennung von Kirche und Staat. Zu einer der diesbezüglichen Bestimmungen erklärte der Vertreter der deutschen Bischofskonferenz, Prälat *Böhler* aus Köln: »Meine Herren, dazu wird die Kirche niemals ja sagen.« Worauf ihn Adenauer freundlich lächelnd belehrte: »Herr Prälat, zu solchen Dingen hat die Kirche weder ja noch nein, sondern höchstens Amen zu sagen!«

Am 14. August 1949 wurde gewählt. Die CDU/CSU wurde stärkste Fraktion, und am 21. August versammelte man sich in Konrad Adenauers Haus in Rhöndorf, um über die künftige Arbeit zu beraten. Nachdem man sich über die Zusammensetzung der Bundesregierung geeinigt hatte, schlug Adenauer vor, Theodor Heuss zum Bundespräsidenten zu wählen. Zaghaft wandte ein bayrischer Abgeordneter ein, daß Herr Heuss als nicht sehr kirchenfreundlich gelte. Ungerührt erwiderte Adenauer: »Aber er hat eine sehr fromme Frau. Das genügt!«

Konrad Adenauer übernahm in der Regierung, die auf Grund der ersten Wahlen gebildet wurde, neben dem Amt des Bundeskanzlers auch die Agenden des Außenministers. Der ehemalige Oberbürgermeister von Köln erwies sich als gewiegter Unterhändler, der das diplomatische Metier souverän beherrschte. Einen Bericht an die Bundestagsfraktion über heikle Verhandlungen mit den Alliierten begann Adenauer mit den Worten: »So wie mein Feund Pferdmenges unterscheide ich drei Steigerungen der Wahrheit: Die einfache, die reine und die lautere Wahrheit. Ich will Ihnen jetzt die reine Wahrheit sagen...«

Bald nachdem Bonn offiziell die Hauptstadt der jungen Bundesrepublik geworden war, ging in Regierungskreisen das Scherzwort um:» Warum ist Bonn die Bundeshauptstadt geworden? Weil selbst Adenauer nicht stark genug war, Rhöndorf zur Hauptstadt Deutschlands zu erheben.«

Erster Pressechef Adenauers wurde der spätere Botschafter Dr. Heinrich Böx. Die Aufgabe, zwischen dem eigenwilligen Kanzler und der Presse zu vermitteln, war nicht leicht. Als Adenauer einmal eine Meldung lancieren und dazu gerne einem in Paris stationierten Korrespondenten ein Interview gegeben hätte, sagte er zu seinem Pressechef: »Herr Böx, können Sie den Mann nicht mal aus freien Stücken nach Bonn kommen lassen?«

Adenauer fand viel Gefallen am Umgang mit Journalisten. Einer der emsigsten Korrespondenten in Bonn war der Vertreter der Associated Press, Joachim Nortmann. Als sich Adenauer zu einem vertraulichen Gespräch mit dem amerikanischen Hochkommissar John McCloy nach Bad Godesberg-Mehlem begab, folgte ihm Nortmann auf dem Fuße. Auf der Rückfahrt nach Rhöndorf benützte Adenauer die Rheinfähre. Prompt tauchte Nortmann auf, trat an den Wagen des Kanzlers und fragte ihn nach dem Verlauf seines Gespräches mit McCloy. Adenauer begann seine Antwort mit den Worten: »Herr Nortmann, eigentlich hatte ich Sie schon auf dem Pissoir erwartet...«

Ein enger Vertrauter Adenauers war Staatssekretär Heinrich Globke, der vor allem in Personalfragen ein entscheidendes Wort zu sprechen hatte. Als daher Botschafter *Hans Mühlenfeld,* der die Bundesrepublik bereits in Holland und in Australien vertreten hatte, den Botschafterposten in Athen anstrebte, meinte er: »Vorläufig gilt: Die Botschaft hör ich wohl, allein mir fehlt der Globke.«

Als sich Adenauer anschickte, die Agenden des Außenamtes abzugeben, vermutete man zunächst, daß *Kurt Georg Kiesinger* Außenminister werden würde. Kiesinger, der sich darüber im klaren war, daß der Bundeskanzler auf jeden Fall die oberste Leitung der Außenpolitik für sich behalten würde, antwortete aber auf alle Ernennungsgerüchte: »Für den Posten eines Außenministers unter Adenauer fühle ich mich nicht schwach genug.«

An Stelle Kiesingers wurde schließlich Heinrich von Brentano Außenminister. Er unterzog sich seiner Aufgabe mit Takt und Geschick und nahm es gelassen hin, daß man in Bonn witzelte: »Wir haben einen Außenminister, dessen Schicksal es ist, eines großen Dichters Namen und eines großen Kanzlers Koffer zu tragen.«

Die Zweiteilung Deutschlands inspirierte den französischen Schriftsteller *Francois Mauriac* zu dem spöttischen Kommentar: »Ich liebe Deutschland so sehr, daß ich sehr glücklich darüber bin, daß es nun sogar zwei Deutschland gibt.«

Im Gegensatz zum deutschen Nachbarn blieb Österreich das Schicksal der Zweiteilung erspart. Trotz vierfacher Besetzung blieb die Einheit des Landes erhalten und im Jahre 1949 fanden zum zweiten Male nach Beendigung des Krieges Parlamentswahlen statt. Der österreichische Innenminister, *Oskar Helmer,* der zu Besuch in Paris weilte, bestürmte Außenminister *Robert Schuman,* die französische Besatzungsmacht möge außer den drei im Jahre 1945 genehmigten Parteien noch weitere Kandidaturen zulassen, weil er sich davon eine Schwächung der mandatstärksten Österreichischen Volkspartei erhoffte. »Sagen Sie ja«, drang Helmer in Schuman, – »und eine Vierte Partei in Österreich existiert.« »Wenn ich so leicht ja sagen könnte«, antwortete Schuman lächelnd, »wäre ich nicht mit sechzig Jahren noch Junggeselle.«

Julius Raab, der spätere österreichische Bundeskanzler, der von 1945 bis 1953 Klubobmann der Österreichischen Volkspartei im Parlament war, hielt nicht allzuviel von den »Europabastlern«, wie er die Abgeordneten des im Jahre 1949 ins Leben gerufenen Europarates in Straßburg nannte. Als nach dem Beitritt Österreichs zum Europarat ein etwas überschwenglich veranlagter Abgeordneter meinte, nun müsse man die spirituellen Werte des Heiligen Römischen Reiches Deutscher Nation wiederbeleben, meinte Raab: »Is scho recht, aber z'erst müss ma amal das Unfallversicherungsgesetz novellieren.«

Österreichs Bundeskanzler Leopold Figl kam dagegen gerne und oft nach Straßburg. So oft, daß der spätere Vizekanzler *Bruno Pittermann*, ein eifriger »Europabastler« einmal meinte: »Wir könnten eine neue Bundeshymne haben: ›Kommt ein Figerl geflogen...‹«

Ein besonders eifriger Europäer war auch Bundesrat *Karl Lugmayer*, dessen Stammlokal in Straßburg das Weinhaus »Zum Heiligen Grab« war. Dort war er so bekannt, daß ihn eines Tages eine Ansichtskarte aus Australien erreichte, deren Anschrift lediglich lautete: »Bundesrat Karl Lugmayer, Heiliges Grab, Europa.«

Lujo Toncic-Sorinj, Abgeordneter der ÖVP, der später Generalsekretär des Europarates wurde, entstammte einer alten kroatischen Familie, was manchen deutschnationalen Kreisen in Österreich nicht paßte. Bei einer Versammlung in Hallein wurde er einmal so lange durch Zwischenrufer unterbrochen, bis er sich mit den Worten Gehör verschaffte: »Vielleicht kann ich mir doch ein wenig Ihre Sympathie erwerben, wenn ich Ihnen sage, daß mein zweiter Vorname Adolf lautet!«

Toncic war ein gutaussehender junger Mann, der ausgeprägte außenpolitische Interessen hatte und dementsprechend viel im Ausland unterwegs war. Das behagte seinem Klubobmann Julius Raab nicht, der großen Wert auf parlamentarische Präsenz legte und dementsprechend einmal zu seinem jungen Abgeordneten sagte: »Was fahrst denn allaweil in der Welt umadum? Hast eh gnua Madln in Wien!«

Franz Karasek, einer der Nachfolger Toncics, war Sekretär von Bundeskanzler Raab, ehe er als Diplomat ins Ausland ging und dann Abgeordneter und schließlich Generalsekretär des Europarates wurde. Raab hatte eines Tages den Besuch des Abtes von Göttweig, Wilhelm Zedinek, als er seinen Sekretär fragte, ob er ihn am Sonntag zu einer Versammlung begleiten könne. »Herr Bundeskanzler«, erwiderte Karasek, »am Sonntag kann ich nicht, da muß ich beim Reichsbund einen Vortrag über die sittliche Bedeutung des Sports halten.« Raab maß seinen etwas zur Fülle neigenden Sekretär mit einem abschätzenden Blick und meinte: »Was verstehst du denn vom Sport?« »Herr Bundeskanzler«, erwiderte Karasek schlagfertig, »wenn der Abt Zedinek über die Ehe predigen kann, dann kann ich über den Sport reden!«

Im Jahre 1949 entstand nicht nur der Europarat, sondern auch das westliche Verteidigungsbündnis, die North Atlantic Treaty Organization, kurz NATO genannt. Der französische Botschafter in Moskau *Louis Joxe* benützte eine Vorsprache im Kreml, um Stalin und seinem Außenminister Wyschinski darzulegen, daß der Atlantikpakt ein rein defensives Bündnis sei, das keinerlei aggressive Tendenzen, vor allem nicht gegen die Sowjetunion, verfolge. Stalin hörte sich die Darlegungen an und sagte dann zu seinem Außenminister: »Wyschinski, wenn das alles so harmlos ist, wie es uns der Botschafter erzählt, warum treten wir dann diesem Pakt nicht bei?!?«

Die NATO war ein militärisches Gebilde, zu dessen Führung sehr viel diplomatisches Geschick erforderlich war. Die Notwendigkeit, in jedem der zahlreichen Ausschüsse, Ämter und Befehlsstellen möglichst alle Mitgliedsstaaten vertreten zu haben, machte die Organisation so kopflastig, daß *Lord Ismay*, der erste Generalsekretär der NATO, bei seinem Amtsantritt lakonisch meinte: »Mehr Zaum als Pferd!«

Ähnlicher Ansicht war General *Koenig*, der Befehlshaber der französischen Streitkräfte in Deutschland, der die Situation an der Spitze der NATO mit den Worten charakterisierte: »Das ist kein Armeekommando, das ist eine Dolmetscherversammlung!«

Die schwerfällige Bürokratie hatte einen umfangreichen Papierkrieg zur Folge. Dementsprechend klagte einmal ein amerikanischer NATO-Offizier: »Gott steht auf der Seite der stärkeren Bataillone, aber nicht auf der Seite der längeren Fragebogen!«

Der Kalte Krieg eskalierte zum Heißen Krieg als im Sommer 1950 nordkoreanische Truppen in Südkorea einfielen. Der Konflikt war an einem Sonntag ausgebrochen, was den österreichischen Außenminister Karl Gruber veranlaßte, in einem Vortrag an der Wiener Universität zu sagen: »Westliche Politiker nehmen ein Wochenende am Land und östliche Poliker nehmen am Wochenende ein Land.«

Der Krieg in Korea ging Hand in Hand mit einer weltweiten Propagandaoffensive der Kommunisten, in der einerseits der Frieden gepriesen und andererseits Amerika verdammt wurde. Der amerikanische Außenminister *Dean Acheson*, der sich damals gerade auf einer Europareise befand, sagte dazu: »Die Österreicher sind wirklich höfliche Leute. Überall, wo ich hingekommen bin, habe ich gelesen: ›Acheson go home!‹ Nur in Wien haben sie geschrieben: ›Mr. Acheson go home!‹«

Angesichts der internationalen Spannungen traten die westlichen Alliierten für die Wiederbewaffnung der Bundesrepublik Deutschland ein. Die Bereitschaft der deutschen Jugend wieder Waffen zu tragen, war aber gering. So skandierten auf der ersten Jugendtagung der Industriegewerkschaft Bergbau im September 1950 Sprechchöre, die an die Adresse von Bundespräsident Theodor Heuss gerichtet waren:
»Wir wollen keine Soldaten sein!
Theodor, geh du allein!«

Bundeskanzler Adenauer war ein Befürworter der Wiederbewaffnung, was den Kabarettisten *Werner Finck* zu dem Ausspruch veranlaßte: »Hut ab vor diesem Mann und Helm auf!!!«

Das Drängen der Westmächte auf einen militärischen Beitrag der Bundesrepublik war umso größer als das deutsche Wirtschaftswunder zeigte, welches Potential in dem aus Trümmern wiedererstandenen Lande steckte. So wurde *Kurt Hansen*, der Generaldirektor der Bayer Werke einmal von einem Journalisten gefragt: »Warum veranstalten Sie nicht eine Pressekonferenz, wenn Ihre Techniker und Chemiker ein neues Produkt erfunden haben?« Hansen fragte zurück: »Möchten Sie jeden Tag auf eine Pressekonferenz gehen?«

Das deutsche Wirtschaftswunder wurde nicht überall mit Begeisterung aufgenommen. »Nach dem ersten Weltkrieg«, sagte der Chefredakteur des »Punch«, *Macolm Muggeridge,* »waren die Engländer auf die Deutschen böse, weil sie Bankrott machten. Nach dem zweiten Weltkrieg sind wir böse auf sie, weil sie reich werden. Ich bin bis jetzt noch nicht dahintergekommen, wie arm oder wie reich die Deutschen nach einem verlorenen Krieg eigentlich sein dürfen.«

Ähnlich äußerte sich der kanadische Publizist *McGeachy:* »Wir sind den Deutschen nicht böse, daß sie durch die Kriegsfolgen gezwungen werden, sich die modernsten Maschinen anzuschaffen. Man fragt sich nur, ob es nicht eine nette Abwechslung wäre, wenn nach dem nächsten Krieg die Sieger die neuen Maschinen bekommen würden.«

Nicht nur wirtschaftlich, sondern auch politisch gewann die junge Bundesrepublik zunehmend an Ansehen. So war der erste Staatsbesuch von Präsident *Theodor Heuss* in London für ihn und sein Land ein großer moralischer Erfolg, wenngleich der Empfang durch die Bevölkerung eher kühl war. Nach der Fahrt durch London erwähnte die Begleitung des Bundespräsidenten, daß das Spalier begeistert gejubelt habe. »Unsinn«, erwiderte Heuss, »achtzig Prozent haben der Königin zugejubelt, zehn Prozent den Pferden und zehn mir – das waren deutsche Touristen!«

Als Absolvent eines humanistischen Gymnasiums beherrschte Theodor Heuss keine lebenden Sprachen, verließ sich aber bei seinen Auslandsbesuchen voll und ganz auf den begleitenden Chefdolmetscher Heinz Weber. Nach dem Abendessen bei Königin Elisabeth während des Englandbesuches meinte Heuss: »Es war wirklich sehr gemütlich. Der Weber hat sich mit der Königin gut unterhalten.«

Im Osten erreichte der Personenkult am Beginn der Fünfzigerjahre, kurz vor dem Tode Stalins, einen letzten Höhepunkt. So sangen die rumänischen Schulkinder im Jahre 1951 die folgende Hymne:
»Du hast siebzig Milliarden Lichtjahre gelebt,
Für DICH gibt es den Tod nicht.
DU lebst ewig,
Die Atomenergie ist nichts,
Verglichen mit DIR!«

In England gewannen die Konservativen im Jahre 1951 die Wahlen und Winston Churchill wurde zum ersten Male in Friedenszeiten Premierminister. Wenige Tage danach hielt er beim traditionellen Bankett des Lord Mayors von London in der nach den Kriegszerstörungen wiederhergestellten Guild Hall die Ansprache und sagte: »Obwohl ich in den letzten vierzig Jahren oft bei den berühmten Guild Hall-Banketten war, um den neuen Bürgermeister zu begrüßen, ist dies doch das erstemal, daß ich zu dieser Versammlung als Premierminister spreche. Als ich im Jahre 1940 als Premierminister hätte hierherkommen sollen, wurde die Guild Hall gerade in die Luft gejagt und bevor sie repariert wurde, wurde ich selbst an die Luft gesetzt. Ich hielt beide Vorfälle für Katastrophen!«

Während die Labourregierung unter ihrem Wohnbauminister *Aneurin Bevan* nur 200 000 Wohnungen gebaut hatte, versprachen die Konservativen im Wahlkampf, sie würden 300 000 Wohnungen jährlich bauen. Ein Jahr nach der Wahl konnte der Wohnbauminister der neuen konservativen Regierung *Harold MacMillan*, verkünden, daß dieses Versprechen gehalten worden sei. Als er sich im Unterhaus über diesen Erfolg in einer langen Rede verbreitete, rief ihm Bevan zu: »Ach was, 300 000 Wohnungen im Jahr bauen kann schließlich jeder Narr!« Überlegen lächelnd erwiderte MacMillan: »Ich kenne einen Narren, der es nicht konnte!«

Aneurin Bevan war ein radikaler Sozialist, aber ein Mann, der das Leben liebte. Nach einem ausgezeichneten Mahl und einem guten Glas Wein pflegte er zu sagen: »Jedermann kann wie ein Millionär leben – für fünf Minuten!«

Winston Churchill war, als er die Regierungsgeschäfte übernahm, 76 Jahre alt. Daß Anthony Eden sein Kronprinz war, stand fest, doch dachte Churchill zunächst nicht daran, sein Amt niederzulegen. »Wenn ich Anthony necken will«, pflegte er zu sagen, »erinnere ich ihn daran, daß Gladstone 84 Jahre alt war, als er seine letzte Regierung bildete.«

Feldmarschall Montgomery hatte seine Memoiren geschrieben. »Was sagen Sie dazu, daß Montgomery mit dem Buch 175 000 Pfund verdient hat?« fragte man den Premierminister. »Der Feldmarschall«, antwortete Churchill, »hat in der besten Tradition der britischen Armee gehandelt, indem er sein Leben teuer verkauft hat.«

Auch Clement Attlee hatte seine Memoiren geschrieben. Sie bestätigten die Erkenntnis, daß der Stil eines Mannes so ist wie der Mann selbst. Attlees Buch war klug, aber nüchtern. Kurz nach dem Erscheinen des Werkes wurde *Sir Beverley Baxter*, konservativer Unterhausabgeordneter und Chefredakteur des »Daily Express«, gefragt, ob er das Buch nicht langweilig finde. »Nicht gerade langweilig«, sagte Sir Beverley. »Attlee schreibt ungefähr so: ›Eines Tages lernte ich eine junge Dame kennen, die mir sehr gut gefiel. Wir gingen miteinander aus und dann hielt ich um ihre Hand an. Glücklicherweise wurde ich erhört. Und nun komme ich zum Problem der Verstaatlichung...‹«

Allen gegenteiligen Behauptungen zum Trotz war Attlee ein Mann von Humor. So meinte er einmal über die Abrüstungsverhandlungen: »Wenn es um die Wasserstoffbombe geht, haben die westlichen Demokratien einen Verhandlungsvorteil. Im Gegensatz zu uns glauben die Russen nämlich nicht an ein Weiterleben nach dem Tode...«

Tatsächlich war Attlee ein gläubiger Christ. Sein Finanzminister Hugh Dalton hatte nach dem Ausscheiden aus der Regierung Memoiren geschrieben, die von Indiskretionen strotzten. Befragt, was er von dem Buch halte, antwortete Attlee: »Ich habe es nicht gelesen. Ich glaube an die Offenbarung, aber nicht an Offenbarungen.«

Einige Zeit nach seinem Rücktritt als Premierminister wurde Attlee in den Adelsstand erhoben. Gefragt, wie ihm die Übersiedlung aus dem Unterhaus in das Oberhaus gefallen habe, antwortete er: »Ganz gut.

Aber es ist halt so, als ob man Champagner tränke, der seit fünf Tagen auf dem Tisch steht...«

Nachdem General de Gaulle seine Kriegserinnerungen veröffentlich hatte, besprach sie Attlee in einer englischen Zeitung und schrieb: »General de Gaulle ist ein sehr guter Soldat und ein sehr schlechter Politiker.« Charles de Gaulle bedankte sich für die Rezension und schrieb zurück: »Ich bin zu dem Schluß gekommen, daß die Politik eine viel zu ernste Angelegenheit ist, als daß man sie den Politikern überlassen könnte.«

Eine der umstrittensten Persönlichkeiten Englands war der »rote« Dekan von Canterbury, *Hewlett Johnson.* Als er von einer seiner zahlreichen »Friedensreisen« hinter den Eisernen Vorhang zurückkehrte, fragte ihn ein Journalist: »Finden Sie es nicht merkwürdig, daß die Sowjetische Enzyklopädie über Jesus nur acht Zeilen, über Sie aber 78 Zeilen enthält?« »Jesus ist tot, und ich lebe noch«, antwortete der Dekan. »Vielleicht ist das der Grund.«

Der Erzbischof von Canterbury, *Dr. Geoffrey Fisher,* war über die politischen Eskapaden seines Dekans verzweifelt. »Wenn er hier ist«, seufzte er, »wünsche ich ihn weit fort und wenn er fort ist, wünsche ich, er wäre erst wieder hier!«

Pius XII. hatte nicht vergessen, was Stalin einst zu Pierre Laval gesagt hatte. Als der kommunistische Diktator im März 1953 starb, bemerkte der Papst: »Jetzt wird er sehen, wie viele Divisionen wir haben...!«

Rund um den Tod Stalins entfaltete sich der Personenkult noch einmal in seiner vollen Pracht. *Johannes R. Becher,* der Staats- und Politbarde der DDR, widmete »Dem ewig Lebenden« ein Gedicht, in dem es hieß:

»Wen so wie dich die Welt zu Grab trägt,
des' Herz im Herz der Völker weiterschlägt.
Dein Atem weht in uns'rer Fahnen Weh'n.
Dein Name lebt in leuchtenden Alleen.
Den Namen Stalin trägt die neue Zeit,
Lenin, Stalin sind Glücksunendlichkeit.«

Die Schaffung der Montanunion im Jahre 1951 war ein wesentlicher Schritt auf dem Wege zu einem vereinigten Europa gewesen. Selbst ein so nüchterner Mann wie *Jean Monnet,* der wesentlichen Anteil an der Schaffung dieser Gemeinschaft hatte, würdigte den Zusammenschluß mit den Worten: »Diese Gemeinschaft ist mehr als eine Vereinigung von Stahl- und Kohleproduzenten. Sie ist der Beginn Europas!«

Große Verdienste um die europäische Einigung hat sich Belgiens oftmaliger Ministerpräsident und Außenminister *Paul Henri Spaak* erworben. Die von ihm entrierte Kooperation der sogenannten Benelux-Staaten, Belgien, Niederlande und Luxemburg, stellte eine Keimzelle der größeren europäischen Zusammenschlüsse dar. Als Spaak einmal an der Seite des niederländischen und des luxemburgischen Außenministers einen Konferenzsaal betrat, sagte ein britischer Diplomat: »Hier kommen die Vereinigten Staaten von Spaakistan!«

Eine der größten Ehrungen in der politischen Laufbahn Paul Henri Spaaks war seine Wahl zum ersten Präsidenten der Vollversammlung der Vereinten Nationen. Eine Dame, die ihn wiederholt im Fernsehen gesehen hatte, kam auf einer Party in New York zu ihm und sagte bewundernd: »Mr. Spaak, Sie sehen aus wie Winston Churchill und sprechen wie Charles Boyer.« »Madame«, erwiderte Spaak, »Sie sind sehr freundlich, aber es wäre mir lieber, ich sähe aus wie Charles Boyer und spräche wie Churchill.«

Spaak hatte einen weiten Weg vom radikalen Sozialistenführer zum europäischen Staatsmann zurückgelegt. »Mein Freund Spaak«, sagte der Präsident des belgischen Senats, *Cauwelaart*, »war immer ein Gemäßigter. In seiner Jugend war er allerdings ein sehr heftiger Gemäßigter.«

Spaak hatte bereits vor dem Zweiten Weltkrieg dem belgischen Senat angehört, gemeinsam mit seiner Mutter, die im Jahre 1925 als erste Frau in diese Körperschaft gewählt worden war. Dementsprechend begann Spaak seine erste Rede vor dem Senat mit den Worten: »Liebe Mama, meine Damen und Herren!«

Carl von Schuhmacher, Begründer und Herausgeber der Schweizer »Weltwoche«, sammelte auf einer Rundreise Material für eine Artikelserie über die europäische Einigung. In Paris sprach er mit Robert Schuman auf Französisch, doch unterbrach ihn sein Gastgeber bald mit den Worten: »Herr von Schuhmacher, ich habe in Bonn, München und Berlin studiert und stamme aus einer lothringischen Familie. Wir können ruhig Deutsch miteinander sprechen.« In Rom sagte Außenminister Alcide de Gasperi nach anfänglich italienisch geführter Konversation: »Ich war sieben Jahre Abgeordneter im österreichischen Reichsrat, wir können ruhig Deutsch miteinander reden.« Nach Zürich zurückgekehrt, schrieb ein tief beeindruckter Schuhmacher: »Ich habe mich mit Schuman und DeGasperi in der Sprache des Heiligen Römischen Reiches Deutscher Nation unterhalten.«

Etwas ähnliches sagte im Jahre 1952 der israelische Außenminister *Sharett.* Als er von der Unterzeichnung des deutsch-israelischen Entschädigungsvertrages zurückkehrte, wurde er in Tel Aviv von einem Journalisten gefragte: »In welcher Sprache sind eigentlich die Verhandlungen über den Vertrag geführt worden?« Sharett antwortete: »Wir haben uns in der Sprache Goethes unterhalten!«

Der ebenfalls im Jahre 1952 abgeschlossene Deutschlandvertrag machte die Bundesrepublik zum souveränen Staat. Da die Alliierten aber aus verschiedenen Gründen zahlreiche Vorbehalte machten, wurde es ein kompliziertes Vertragswerk mit vielen Klauseln. »Was sagen Sie zu dem Vertrag?« fragte Staatssekretär *Hallstein* nach Abschluß der Verhandlungen stolz einen englischen Diplomaten. »Das ist überhaupt kein Vertrag«, antwortete der Engländer. »Das erinnert mich an die kleingedrucken Absätze auf der Rückseite meiner Versicherungspolice.«

Nach dem Abschluß des Deutschlandvertrages trat die Diskussion über die deutsche Wiederbewaffnung in ihre entscheidende Phase. Die Schwierigkeiten, die es dabei gab, faßte der Schriftsteller *Friedrich Sieburg* in die

Worte: »Die Franzosen haben nichts gegen eine deutsche Armee. Sie wollen aber eine deutsche Armee, die schwächer ist als ihre eigene und stärker als die der Sowjetunion.«

Noch drastischer drückte sich *Franz Josef Strauß* aus: »Die Bundeswehr soll so stark sein, daß sie imstande wäre, die russische Dampfwalze allein aufzuhalten, gleichzeitig aber so schwach, daß sie der Luxemburger Armee unterlegen ist.«

Im Jahre 1955 war es dann so weit; der Aufbau der Bundeswehr unter dem Verteidigungsminister Theo Blank begann. Es gab dabei große Anfangsschwierigkeiten, die den damaligen Atomminister der Regierung Adenauer, Franz Josef Strauß, der schließlich Nachfolger Blanks im Verteidigungsministerium wurde, zu folgendem Vergleich veranlaßten: »Mir kommt das chaotische Vorgehen beim Aufbau der Bundeswehr vor, als würde man ein Kurheim folgendermaßen bauen: Zuerst werden die Kurgäste auf eine Wiese gebeten. Dann wird die Wiese zum Bauland erschlossen. Anschließend daran wird sie gekauft. Dann wird der Bauplan eingereicht und anschließend das Kurheim gebaut. Nachdem es fertig ist wird sogar ein Arzt für die Kurgäste verpflichtet.«

General Hans Speidel, der ehemalige Stabschef Rommels, zog als erster deutscher Offizier in das Hauptquartier der NATO in Paris ein. Vorher hatten die Kommunisten in ganz Europa eine Propagandakampagne gegen Speidel entfesselt, in der er beschuldigt wurde, das Attentat gegen den jugoslawischen König in Marseille im Jahre 1934 und eine Reihe anderer Mord- und Terroranschläge geplant zu haben. Als sich Speidel in Paris meldete, sagte der französische General *Valluy* lächelnd zu ihm: »Wenn ich nicht in der Schule gelernt hätte, daß Henri IV. von Ravaillac umgebracht worden ist, würde ich sagen: Sie waren es.«

In Bonn erzählte man sich damals folgende Geschichte: Ein deutscher General kehrt nach 25 Jahren Kriegsgefangenschaft aus der Sowjetunion heim, trifft im Lager Friedland zufällig einen ehemaligen Major seiner Division und zwischen den beiden entspinnt sich folgender Dialog: Der General fragt: »Was macht denn der Großadmiral Dönitz?« Der Major antwortet: »Der sitzt in Spandau.« – »Was macht ein Admiral in Spandau?« – »Er sitzt im Zuchthaus natürlich.« – »Ach ja, natürlich. Und was macht der General Speidel?« – »Der sitzt in Paris.« – »Im Zuchthaus?« – »Nein, bei der NATO natürlich.« – »Ach ja, natürlich. Und was macht der General Meyer, der Panzermeyer?« – »Der war in Kanada.« – »Bei der NATO?« – »Nein, im Zuchthaus natürlich.« – »Und wie geht es dem General Heusinger?« – »Der sitzt in Bonn.« – »Im Zuchthaus?« – »Nein, im Verteidigungsministerium natürlich.« Daraufhin erhebt sich der General und der Major fragt: »Herr General, wohin so plötzlich.« – »Ins Irrenhaus«, antwortet der General. »Wenn das alles, was Sie mir eben erzählt haben, natürlich ist, dann bin ich verrückt!«

Österreich wurde im Jahre 1955 durch Abschluß des Staatsvertrages ein freier Staat und schritt ebenfalls an die Aufstellung eines Bundesheeres. Als der österreichische Bundeskanzler *Julius Raab* Bonn besuchte, wurde er auf einer Pressekonferenz gefragt: »Wieso geht die Aufstellung einer Armee in Österreich so reibungslos vor sich und warum gibt es bei Ihnen im Gegensatz zu Deutschland keine ›Ohne-mich-Bewegung‹?« »Schau'n S'«, antwortete Raab gemütlich, »wir haben halt eine wesentlich größere militärische Tradition...«

Nach Abschluß des Staatsvertrages bemühten sich die Österreicher um die Herabsetzung der Ablöselieferungen, die sie an die Sowjetunion zu leisten hatten. Anläßlich eines Zusammentreffens mit dem sowjetischen Außenminister *Molotow* im Wiener Hotel Sacher zitierte Österreichs Botschafter in London, *Johannes Schwarzenberg*, einen historischen Präzedenzfall. Sein Ur-ur-Ahne, Fürst Schwarzenberg habe es als erster Ministerpräsident des jungen Kaisers Franz Joseph erlebt, daß Zar Alexander auf die Rückzahlung einer Anleihe, die er Österreich gewährt hatte, verzichtet habe. Worauf Molotow ohne eine Miene zu verziehen erwiderte: »Die Zaren waren ja bekannt dafür, daß sie das Vermögen des russischen Volkes verschwendet haben!«

In Frankreich trieb die Vierte Republik ihrem Ende entgegen. Die Zerrissenheit des Landes war deutlich zum Ausdruck gekommen, als man im Januar 1954 mehr als ein Dutzend Wahlgänge gebraucht hatte, um einen Nachfolger für Staatspräsident Auriol zu finden. Nachdem man sich auf keinen profilierten Kandidaten einigen konnte, wählte man schließlich den Abgeordneten *René Coty*, der bisher kaum hervorgetreten war. Coty sagte nach seinem Amtsantritt: »Jetzt gibt es zwei unbekannte Franzosen. Einen im Ehrengrab unter dem Arc de Triomphe und einen im Präsidentenpalais.«

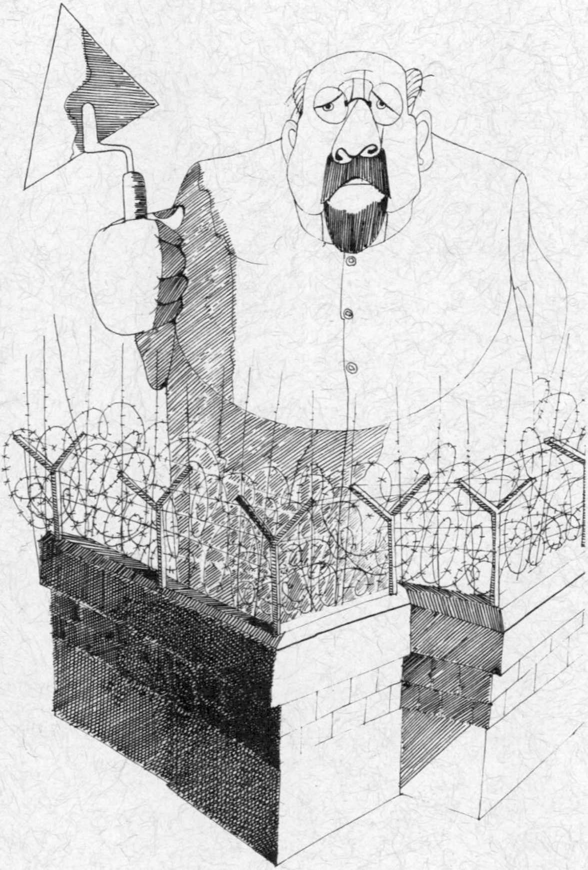

13 *Walter Ulbricht, der Mauerbauer*

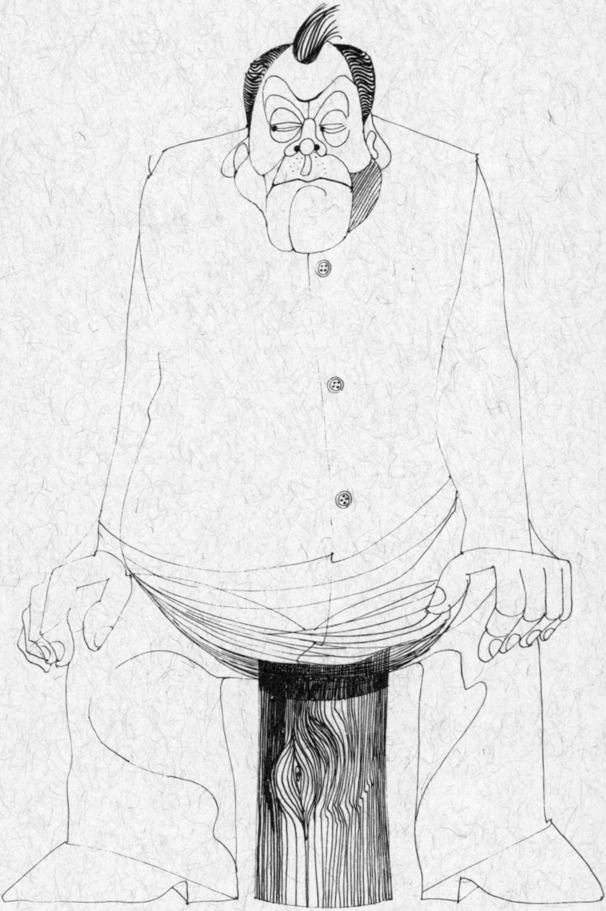

14 *Willy Brandt, der Wegbereiter der Entspannung*

Aus der langen Reihe der Ministerpräsidenten der Vierten Republik ragte *Felix Gaillard* hervor, mit knapp vierzig Jahren einer der jüngsten Männer, der jemals dieses Amt bekleidete. Gaillard war ebenso brillant wie arrogant und trug diese Eigenschafen offen zur Schau. Als er einmal über die Fähigkeiten eines kahlköpfigen Ministerkollegen befragt wurde, antwortete Gaillard lakonisch: »Außen nichts – innen nichts!«

Die Vierte Republik verbrauchte in zwölf Jahren mehrere Dutzend Ministerpräsidenten und Hunderte von Ministern. Viele von ihnen schrieben nach dem endgültigen Ausscheiden aus der Politik ihre Memoiren. »Werden Sie auch Ihre Erinnerungen schreiben?« fragte man den ehemaligen Ministerpräsidenten *Paul Reynaud.* »Natürlich«, antwortete Reynaud genießerisch. »Memoiren sind die Atombombe der Pensionisten!«

Nach Stalins Tod hatte vorübergehend *Grigorij Malenkow* das Amt eines Ministerpräsidenten innegehabt. Er wurde aber bald von Nikita Chruschtschow abgesetzt und mit dem unbedeutenden Posten eines Kraftwerkdirektors im Osten Rußlands abgefunden. »Die Schwierigkeit mit Malenkow«, erzählte Chruschtschow später, »bestand darin, daß er keine Entscheidungen treffen konnte. Jetzt ist dieses Problem gelöst. Das Kraftwerk, das er leitet, ist vollautomatisiert.«

Nikita Chruschtschow zeichnete sich durch einen höchst eigenwilligen Stil im Umgang mit der Öffentlichkeit aus. So erzählte er bei einem der ersten Empfänge, den er für ausländische Diplomaten und Journalisten gab: »Im Kreml lief ein Mann herum und schrie:

›Chruschtschow ist ein Wahnsinniger!‹ Der Mann wurde zu 23 Jahren Zwangsarbeit verurteilt. Zu drei Jahren wegen Beleidigung des Parteisekretärs und zu zwanzig Jahren wegen des Verrates eines Staatsgeheimnisses!«

Chruschtschows bedeutendster Schritt war die große Entstalinisierungsrede vor dem XX. Parteikongreß im Jahre 1956. Nachdem er geendet hatte, wurde ihm ein Zettel auf die Tribüne gereicht, auf dem stand: »Was tatest Du, während Stalin seine Verbrechen beging?« Chruschtschow las die Frage vor und sagte: »Ich bitte den Genossen Fragesteller aufzustehen!« Niemand rührte sich. Darauf erklärte Chruschtschow: »Genau das habe ich gemacht, während Stalin an der Macht war.«

Obwohl Chruschtschows Rede nicht veröffentlicht wurde, verbreitete sich ihr Inhalt wie ein Lauffeuer. Wie immer reagierte der Volkswitz schnell auf die neue Situation. »Ein junger Mann«, erzählte man in Moskau, »kommt in eine Buchhandlung und verlangt die neueste Ausgabe der Sowjetenzyklopädie. ›Ich möchte‹, erklärt er, ›wissen, ob mein liebes gutes Väterchen von stalinistischen Schergen meuchlings ermordet wurde oder ob dieser abscheuliche Hochverräter seine gerechte Strafe durch die proletarische Justiz erhalten hat‹.«

Im Gefolge des »Tauwetters« wurde in Moskau eine Aufstellung von Gemälden Pablo Picassos veranstaltet. Stunden vor dem Ausstellungsbeginn drängten sich die Menschen vor dem Eingang und kurz vor der offiziellen Eröffnung sah es aus, als wollten sie den Saal stürmen. Da ging *Ilja Ehrenburg* zum Rednerpult, ergriff das Mikrophon und rief: »Genossen! Fünfundzwanzig Jahre habt Ihr auf diese Ausstellung gewartet! Jetzt werdet Ihr fünf Minuten auch noch warten können!«

An dem Empfang, der anläßlich der Ausstellung gegeben wurde, nahm der Präsident des Sowjetischen Künstlerbundes, der Maler *Alexander Gerasimow*, teil. »Wir schätzen Picasso als Kommunisten«, erklärte Gerasimow, »aber nicht als Maler.« Worauf der amerikanische Botschafter, der daneben stand, erwiderte: »Bei uns ist es genau umgekehrt!«

Die westlichen Reisenden, die in die Sowjetunion kamen, waren erstaunt, wie offen nun gesprochen wurde. *Louis Fischer*, einer der besten Rußlandkenner, besuchte nach mehrjähriger Unterbrechung Moskau und unterhielt sich mit Studenten über die Probleme der Kunst. Als man auf den sozialistischen Realismus zu sprechen kam, führte eine Studentin folgendes Beispiel an: »Ein verdienter Held der Sowjetunion, der im Krieg das rechte Auge und den rechten Arm verloren hat, soll porträtiert werden. Der erste Maler, der sich an die Aufgabe wagt, malt den Helden mit rechtem Auge und rechtem Arm. Er wird verhaftet, wegen Formalismus verurteilt und nach Sibirien deportiert. Der zweite Maler stellt den Helden ohne Auge und Arm dar. Er wird wegen Naturalismus verurteilt und ebenfalls deportiert. Der dritte Maler porträtiert den Helden im Profil von der linken Seite. Er erhält den Stalinpreis. Denn«, so schloß die Studentin ihre Erzählung, »er hat getreu den Prinzipien des sozialistischen Realismus das Schlechte unterdrückt und das Gute hervorgehoben.«

Eine der treffendsten Definition des sozialistischen Realismus stammte vom FDP-Politiker, *Thomas Dehler:* »Der Impressionist malt, was er sieht; der Expressionist malt, was er fühlt; der sozialistische Realist malt, was er hört.«

Wie zu erwarten, waren die ersten, die den neuen Kurs in der Sowjetunion zu nützen wußten, die Armenier. Bald erzählte man überall die »Radio Jerewan«-Witze und es gibt glaubwürdige Beobachter, die behaupten, Ananstas Mikojan sei einer der Erfinder und Verbreiter dieser fiktiven Frage- und Antwortstunden im Sender der armenischen Landeshauptstadt gewesen. »Frage: Ist in einem hochindustrialisierten Land der Aufbau des Sozialismus möglich? Antwort: Möglich schon, aber es wäre schade um die Industrie. Frage: Wie verhält sich die Regierung der Sowjetunion in einer ausweglosen Situation? Antwort: Über Probleme der sowjetischen Landwirtschaft geben wir keine Auskunft. Frage: Was ist das Beste am Sozialismus? Antwort: Daß ihn die Polen, Tschechen, Ungarn, Rumänen und Bulgaren auch haben. Frage: Wo sitzt der Mann, der die Witze von Radio Jerewan verbreitet? Antwort: Ja, der sitzt!«

Sogar die vorsichtigen Tschechoslowaken wurden vom Radio Jerewan-Geist angesteckt. Ein fiktives Frage- und Antwortspiel im Sender Prag lautete: »Warum lieben wir die Sowjetunion? – Weil sie uns befreit hat. – Und warum hassen wir die Amerikaner? – Weil sie uns nicht befreit haben!«

Nur in der DDR hielt man treu an der Parteilinie fest. Einmal wurde die Linientreue sogar der sowjetzonalen Zeitung »Der Morgen« zu bunt. Sie kritisierte ein Kollektiv von Potsdamer Schaufensterdekorateuren, das in eine Auslage mit Damenunterwäsche ein Plakat mit der Losung gestellt hatte: »Zügelt die Aggressoren, ehe es zu spät ist!«

Die Freiheitsbestrebungen, die Tauwetter und Entstalinisierung hervorgerufen hatten, fanden ihren stärksten Ausdruck in Polen. Wieslaw Gomulka, der in der stalinistischen Zeit eingesperrt worden war, wurde im April 1955 in aller Stille aus dem Gefängnis entlassen. In den Wochen vor der Freilassung hatten seine Freunde im Zentralkomitee immer wieder die Frage nach der Beendigung seiner Haft gestellt. »Genossen«, antwortete ihnen *Jakob Berman*, die Graue Eminenz der stalinistischen Fraktion, »vor Jahren haben uns die sowjetischen Genossen gefragt, warum Gomulka noch immer am Leben sei. Nun fragt ihr, warum er noch immer im Gefängnis ist. Wie Ihr seht, lassen wir uns immer Zeit!«

Die belgische Königsmutter *Elisabeth*, eine Förderin der Künste, besuchte das Musikfestival in Warschau. Als sie in Begleitung eines Beamten des polnischen Außenamtes zur Kirche fuhr, fragte sie ihn, ob er Katholik sei. »Gläubig, Majestät, aber nicht praktizierend«, antwortete ihr Begleiter. »Natürlich«, meinte die Königin, »Sie sind ja Kommunist.« »Praktizierend, Majestät, aber nicht gläubig«, erwiderte der Diplomat.

Nach den Sommerunruhen in Polen und am Vorabend des Ungarnaufstandes im Herbst 1956 kommentierte der ehemalige französische Ministerpräsident *Antoine Pinay* die Situation im Ostblock mit den Worten: »In der Politik versteht man unter Satelliten Trabanten, deren Fliehkraft größer ist als die Anziehungskraft.«

Eine der besten Definitionen der Entstalinisierung und ihrer Folgen stammte vom Verfasser der »Unfrisierten Gedanken«, dem Polen *Stanislaw Jerzy Lex.* »Schont die Sockel, wenn Ihr die Denkmäler stürzt«, schrieb er. »Sie könnten noch gebraucht werden!«

Auf dem Höhepunkt des ungarischen Aufstandes im Herbst 1956 ließen die Sowjets stündlich über den Rundfunk verlautbaren, daß jede Gruppenbildung auf den Straßen verboten sei. Zuwiderhandelnde würden rücksichtslos mit dem Tode bestraft. Daraufhin spottete man in Budapest: »Proletarier aller Länder vereinigt Euch! Aber nicht mehr als drei auf einmal!«

In Polen sah man in ohnmächtiger Erbitterung zu, wie der ungarische Aufstand niedergeschlagen wurde. »Die Ungarn«, hieß es in Warschau, »haben sich diesmal benommen wie die Polen, die Polen wie die Tschechen, und die Tschechen, wie üblich, wie die Schweine.«

Die brutale Niederschlagung des ungarischen Aufstandes wurde in der freien Welt mit einer Welle von Protestaktionen beantwortet. So beschloß der ehemalige französische Ministerpräsident *Edouard Herriot,* der dafür bekannt war, daß er in seiner fünfzigjährigen politischen Tätigkeit rund dreihundert Vereinen aller Art beigetreten war, als Zeichen des Protestes aus der Französisch-Sowjetischen Gesellschaft auszutreten. »Bitte, stellen Sie fest, wer der Präsident der Gesellschaft ist, damit ich ihm meine Austrittserklärung schicken kann«, sagte er zu seiner Sekretärin. Sie kam nach einiger Zeit zurück und erklärte: »Der Präsident der Französisch-Sowjetischen Gesellschaft sind Sie!«

Die politische Situation war im Herbst 1956 chaotisch wie nie zuvor. Die Sowjets schlugen den ungarischen Aufstand nieder. Die Westmächte protestierten gegen diesen Schritt. Die Israelis marschierten in Ägypten ein. England und Frankreich landeten Truppen am Suezkanal. Die Amerikaner mißbilligten diese Aktion. Die Sowjets drohten mit dem Einsatz von Raketen im Nahen Osten. In dieser ebenso verworrenen wie spannungsgeladenen Situation erhielt die 6. amerikanische Flotte im Mittelmeer den Befehl, höchste Gefechtsbereitschaft einzunehmen. Der Befehlshaber der Flotte funkte zurück: »Sind bereit! Wer ist Feind?«

England und Frankreich hatten sich in das Suezabenteuer, das kläglich scheiterte, ohne entsprechende diplomatische Vorbereitung und mit unzureichenden militärischen Kräften gestürzt. Einige Wochen vor dem Beginn des Unternehmens wohnte Premierminister Eden mit seiner Familie einer Parade der berittenen Leibgarde der Königin bei. »Sind sie nicht schön?« fragte Eden beim Anblick der Reiter in ihren blauen und roten Mänteln und den roßschweifgezierten Silberhelmen. »Sehr schön«, sagte sein Sohn, »aber ein Bataillon Fallschirmjäger wäre mir lieber.«

Nachdem das Unternehmen begonnen hatte und die Krise im Nahen Osten sich ihrem Höhepunkt näherte, seufzte Clarissa Eden, die Frau des Premierministers:

»Mir kommt es vor, als ob der Suezkanal mitten durch mein Wohnzimmer fließe.«

Am Beginn des Jahres 1957 herrschte in Ungarn und am Suez wieder Ruhe, doch schon zeichneten sich neue bedeutsame Ereignisse ab: Am 25. März 1957 wurden die römischen Verträge unterzeichnet, auf denen die Europäische Wirtschaftsgemeinschaft beruhte und am 4. Oktober 1957 sandten die Sowjets den ersten künstlichen Erdsatelliten, genannt Sputnik, in den Weltraum. Wie sehr auch der nunmehr beginnende Wettlauf um die Vorherrschaft im All letzten Endes eine europäische, genauer gesagt, eine innerdeutsche Angelegenheit war, hat der Herzog von Edinburgh auf eine einfache Formel gebracht, als er in einer Tischrede sagte: »Man hat mir erzählt, daß ein sowjetischer Journalist einen Beamten des State Departments um eine Stellungnahme zu den sowjetischen Weltraumerfolgen gebeten hat. Der Amerikaner hat geantwortet: ›Wissen Sie, Ihre Deutschen sind eben besser als unsere Deutschen!‹«

Die Schaffung der Europäischen Wirtschaftsgemeinschaft brachte einen Bürokratentyp hervor, den europäischen Beamten, kurz Eurokrat genannt. »Ein Eurokrat«, definierte der Kabinettchef der EWG, *Alfred Mozzer*, »ist eine Persönlichkeit, die preußischen Charme mit französischer Bescheidenheit und italienischer Genauigkeit vereint.«

Vor Mozzers scharfer Zunge war niemand sicher. »Kennen Sie den Unterschied zwischen der EWG und Blue Jeans?« pflegte er Besucher zu fragen. »Bei den Blue Jeans sitzen die Nieten an der richtigen Stelle!«

Im Gefolge der Bürokraten kamen die Vorschriften. So hieß es in einer Richtlinie der EWG über Scheibenwischer bei land- oder forstwirtschaftlichen Zugmaschinen: »Der Bezugspunkt liegt in der zur Fahrzeuglängsmittelebene parallelen Ebene durch die Mitte des Sitzes 700 mm lotrecht über der Schnittlinie dieser Ebene mit der Sitzfläche und in 270 mm Abstand in Richtung der Beckenstütze – von der die Vorderkante der Sitzfläche tangierenden lotrechten, zur Fahrzeuglängsmittelebene senkrechten Ebene. Der so festgelegte Bezugspunkt gilt bei unbelastetem Sitz in der vom Zugmaschinenhersteller angegebenen mittleren Stellung.«

Wortreiche Erlässe sind freilich keine supranationale Spezialität. So hieß es in einer Verordnung der Deutschen Bundespost. »Der Wertsack ist ein Beutel, der auf Grund seiner besonderen Verwendung im Postbeförderungsdienst nicht Wertbeutel, sondern Wertsack genannt wird, weil sein Inhalt aus mehreren Wertbeuteln besteht, die in den Wertsack nicht verbeutelt, sondern versackt werden.«

Mindestens ebenso umständlich wie die Bürokraten drücken sich die Politologen aus. Als Beispiel dafür druckten die »Salzburger Nachrichten« einmal folgenden Satz aus einem Studienbuch zur Zeitgeschichte mit dem Titel »Innere Systemkrisen der Gegenwart« ab: »Das legimatorische Grundproblem der sozialistischen Länder resultiert aus der Tatsache, daß diese bürokratischen Strukturen, die nicht nur politische Deprivationen für die Produzenten einschließen, sondern auch die ökonomische Effizienz des Systems tendenziell beeinträchtigen, einer immer offenkundigeren

Funktionsentwertung unterliegen und dennoch fortbestehen, obwohl sie allen ideologischen Grundlegungen dieser Systeme nach als transitorisch ausgewiesen sind.«

Die eigentlichen Sorgen der europäischen Gemeinschaft waren nicht linguistische Fragen, sondern handfeste wirtschaftliche Probleme. Schon Bismarck war einst der Ansicht gewesen, daß beim Abschluß von Handelsverträgen immer einer der Übervorteilte sein müsse und dementsprechend erzählte man sich bei der Hohen Behörde in Brüssel, wann immer die Rede auf Wirtschaftskooperation kam, die folgende Geschichte: »Ein Huhn und ein Schwein beschließen wirtschaftlich zusammenzuarbeiten und rufen die Firma ›Ham & Eggs‹ ins Leben. Nach erfolgter Firmengründung legt das Huhn ein Ei, geht zum Schwein und verlangt einen Schinken. ›Wie soll ich dir den Schinken geben‹, sagt darauf das Schwein, ›dazu müßte ich mich ja töten!?! ›Natürlich‹, antwortete das Huhn. ›Weißt du denn nicht, daß bei der wirtschaftlichen Zusammenarbeit immer ein Partner Opfer bringen muß!?!‹«

Ein anderes Problem war die geringe Bereitschaft der Engländer, sich an der europäischen Zusammenarbeit zu beteiligen. So versuchte Paul Henri Spaak Schatzkanzler Rab Butler von der Notwendigkeit eines verstärkten britischen Engagements auf dem Kontinent zu überzeugen. Nachdem alle anderen Argumente nichts gefruchtet hatten, sagte Spaak schließlich: »Stellen Sie sich doch einmal vor, wie stark ein Vereinigtes Europa sein könnte, wenn sich England daran beteiligen würde.« Das Gespräch endete aber ergebnislos und im Weggehen sagte Spaak zu Robert Rothschild, der ihn begleitet hatte: »Wenn ich mir die Hose ausgezogen hätte, hätte er auch nicht schockierter sein können als bei meinem Vorschlag, sich ein Vereintes Europa vorzustellen.«

Auch Bundeskanzler Konrad Adenauer drängte auf eine britische Beteiligung und fragte einmal den Botschafter in Bonn, *Sir Christopher Steel:* »Wann werdet Ihr Engländer endlich einmal beginnen, europäisch zu denken?« Steels Antwort: »Herr Bundeskanzler, wann die Engländer europäisch denken werden, kann ich Ihnen leider nicht sagen. Ich bin nämlich Schotte!«

Richard Coudenhove-Kalergi, der im Jahre 1972 starb, erlebte noch die Verwirklichung des wirtschaftlichen Zusammenschlusses Europas. Bei einem Besuch in Wien gab sein alter Freund, der Präsident der österreichischen Industriellenvereinigung, *Franz Joseph Mayr-Gunthof* zu seinen Ehren ein Essen, in dessen Verlauf er sagte: »Ich glaube im Sinne aller zu sprechen, wenn ich dich bitte zum Thema EWG, die ja ein Kind des Paneuropagedankens ist, das Wort zu ergreifen und ein wenig mehr darüber zu sagen.« Coudenhove-Kalergi, der eben mit dem Dessert, auf das er sich schon gefreut hatte, beginnen wollte, stand auf und sagte: »Bevor ich auf dieses heikle Thema eingehe, möchte ich eine kleine Geschichte erzählen: Zur Zeit der Christenverfolgung unter Kaiser Nero wurden ein zum Tode verurteilter Christ und ein Löwe im Zirkus in die Arena geführt. Der Löwe brüllte fürchterlich, aber der Christ ging unerschrocken auf ihn zu und flüsterte ihm etwas ins Ohr. Daraufhin schüttelte sich der Löwe voll Ekel und trottete aus der Arena. Kaiser Nero ließ den Christen zu sich kommen und sagte:

›Verrate mir, was du dem Löwen ins Ohr geflüstert hast und du bist frei!‹ ›Majestät‹, sagte der Christ, ›ich habe ihm zugeflüstert: Du weißt doch, daß es in guter Gesellschaft Sitte ist, nach der Mahlzeit eine Rede zu halten!‹ Und nun will ich gerne über Paneuropa und die EWG sprechen...«

Britischer Premierminister als Nachfolger Edens war nach dem Suezdebakel *Harold MacMillan* geworden. Der neue Regierungschef begann seine Amtstätigkeit mit einer Reihe von Auslandsreisen, die ihn unter anderem nach Amerika, Rußland und Indien führten. In Neu Delhi, das er als erster britischer Premierminister nach der Erlangung der indischen Unabhängigkeit besuchte, fragte der Amateurhistoriker MacMillan seine Begleiter: »Ob die alten Römer jemals England besucht haben, nachdem sie abgezogen waren?«

MacMillans zahlreiche Auslandsbesuche stießen auf Kritik, die er mit den Worten parierte: »Ich reise gerne. Zu Hause ist man nur Politiker. Im Ausland ist man Staatsmann.«

Bald erkannte man, daß sich hinter dem altmodischen Aussehen und zurückhaltenden Benehmen MacMillans ein willensstarker Charakter verbarg. »Eden«, wurde im Unterhaus gewitzelt, »war ein Kaninchen, das wie ein Mann aussehen wollte. MacMillan ist ein Mann, der wie ein Kaninchen aussehen will.«

Der Premierminister sprach in einem Studentenclub der Universität Oxford und wurde gebeten, eine Definition des Begriffes Konservativer zu geben. »Eine Herde von Schweinen«, sgte MacMillan, »lagerte auf einem Hügel am Rande des Sees. Da kam ein Gewitter mit Donner und Blitz. Von Angst gejagt, rannten die Schweine den Hügel hinab, stürzten in den See und ertranken. Nur ein Schwein blieb auf dem Hügel liegen und überlebte. Das war ein Konservativer!«

MacMillan holte eine Reihe von brillanten Leuten in sein Kabinett, mit deren Hilfe er der Konservativen Partei eine für englische Begriffe ungewöhnlich lange Regierungszeit sicherte. Als im Unterhaus über neue Maßnahmen gegen den Preis-Lohn-Auftrieb debattiert wurde und die Oppositon zahlreiche währungspolitische Reformvorschläge machte, erwiderte Schatzkanzler *Heathcot Amery:* »Drei Dinge sind es nicht wert, daß man ihnen nachläuft: Eine Frau, eine Straßenbahn und eine neue Wirtschaftstheorie. Wenn man ein bißchen wartet, kommt gleich die nächste.«

Die bemerkenswerteste Ernennung, die MacMillan vornahm, war die Berufung des weitgehend unbekannten *Lord Douglas Home* zum Außenminister. Wohl schrieb eine englische Zeitung, seit »Caligula sein Lieblingspferd zum Konsul machte, hat es keine so ungeheuerliche Ämterbetrauung gegeben«, doch stellte sich bald heraus, daß der neue Außenminister ein Mann von Intelligenz, Charakterstärke und Witz war. So lehnte er die sogenannte Reisediplomatie ab und scheute sich damit nicht, in Gegensatz zu seinem Regierungschef zu treten. »Es ist sinnlos, hochbezahlte Botschafter in alle Hauptstädte der Welt zu schicken und dann selbst herumzureisen«, erklärte Home. »Man kauft sich ja auch keinen Kanarienvogel und singt dann selber.«

Als in der Hauptstadt seiner schottischen Heimat, Edinburgh, der Kongreß der Europäischen Vereinigung der Buchhalter abgehalten wurde, hielt Lord Home die Begrüßungsansprache. »Der Unterschied zwischen einem Buchhalter und einem Politiker«, teilte er den Delegierten mit, »besteht darin, daß es für einen Buchhalter ein Verbrechen ist, etwas zu vertuschen, für einen Politiker dagegen eine Kunst.«

Obwohl er Reserveoffizier war, hatte Lord Home am zweiten Weltkrieg nicht teilgenommen, weil ihn eine Rückenmarktuberkulose zwei Jahre ans Krankenbett gefesselt hatte. Nachdem ihn die Ärzte vollkommen geheilt hatten, sagte Home: »Ich bin der einzige Fall, in dem es gelungen ist, einem Politiker Rückgrat einzuziehen.«

In Frankreich war im Jahre 1958 die Vierte Republik ihrem seit langem vorhergesagten Ende entgegengegangen. Als der Amtsantritt Charles de Gaulles unmittelbar bevorstand, wurde *Francois Mauriac* gefragt, was er von der Entwicklung der Ereignisse halte. Mauriac drückte sich diplomatisch aus: »Gewisse Politiker sind wie Eiserne Rationen. Man sollte sich ihrer nur im äußersten Notfall bedienen.«

In den letzten Tagen der Vierten Republik, als in Algerien die Armee rebellierte, war Paris voll von Gerüchten, Befürchtungen und Drohungen. »In der Politik«, kommentierte *Robert Schuman* die Situation, »sind am gefährlichsten die Leute mit starker Phantasie und schwachen Nerven.«

De Gaulle hatte die Regierungsgeschäfte übernommen und stellte sich dem Parlament. In der Debatte über seine Regierungserklärung verglich ihn ein Sprecher der äußersten Rechten mit Robespierre. »Wie man sich irren kann«, sagte de Gaulle zu Staatsminister Guy Mollet, der neben ihm auf der Regierungsbank saß. »Ich habe immer geglaubt, ich bin die Jungfrau von Orleans!«

General de Gaulle lebte wie kein anderer Staatsmann in und mit der Geschichte. In einer Kabinettssitzung forderte Ministerpräsident *Debré* im Namen der Armee Truppenverstärkungen für den Krieg in Algerien. »Unsinn!« antwortete de Gaulle. »Sie haben schon hunderttausend Mann mehr, als Napoleon brauchte, um ganz Europa zu erobern!«

Ministerpräsident Debré besuchte bald nach seinem Amtsantritt London. In Downing Street 10, dem Amtssitz des Premierministers, zeigte man ihm die im Stiegenhaus angebrachten Porträts der englischen Regierungschefs seit Sir Robert Walpole. »Sehr nett«, meinte Debré, »aber bei uns leider nicht zu machen. »Warum?« fragten die Engländer. »Weil es im Hotel de Matignon kein einziges Stiegenhaus gibt«, antwortete Debré, »das lang genug ist, um die Bilder aller meiner Vorgänger aufzunehmen.«

Nachdem Debré als Ministerpräsident durch Georges Pompidou abgelöst worden war, hatte er das Pech, bei den Parlamentswahlen geschlagen zu werden. Als jedoch einige Wochen später eine Nachwahl in Madagaskar stattfand, kandidierte er mit Erfolg und zog doch noch ins Parlament ein. »In der Politik«, meinte

Debré dazu, »geht es zu wie beim Kunstturnen: Es kommt auf den guten Abgang an.«

Die Amts- und Lebensführung ihres Staatschefs wurde von den Franzosen mit einer Art von respektvoller Ironie kommentiert. Der Journalist *Pierre Viansson-Ponté* von »Le Monde«, dem die Ehre zuteil geworden war, von de Gaulle in dessen Landhaus in Colombey-les-deux-Eglises eingeladen zu werden, erzählte nachher: »Ein Tischgespräch bei de Gaulle verläuft ungefähr folgendermaßen: Madame de Gaulle erkundigt sich, ob man eine gute Fahrt gehabt hat, dann spricht sie über das Wetter und danach ausführlich über den General. Der General erkundigt sich, ob man eine gute Fahrt gehabt hat, dann spricht er über das Wetter und danach ausführlich über sich selbst.«

Selbst die wütenden Angriffe der OAS unter den Generälen Jouhaud und Salan vermochten Politik und Popularität de Gaulles nicht zu erschüttern. Immerhin wagte es »L'Esprit Public«, ein Blatt, das als OAS-freundlich galt, unter dem Titel »Der neue kleine Katechismus« ein politisches Quiz zu veröffentlichen, das lebhaft an die Fragen und Antworten von »Radio Ierewan« erinnerte: »Frage: Gibt es eine französische Armee: Antwort: Ja, die eine Hälfte ist im Gefängnis, die andere Hälfte ist in Planung! – Frage: Hat Frankreich Freunde in der Welt? Antwort: Ja, alle Völker sind Freunde Frankreichs! – Frage: Hat Frankreich Feinde? Antwort: Nein, Frankreich hat keine Feinde, abgesehen von den Russen, den Engländern und den Amerikanern! – Frage: Sind die Deutschen Freunde Frankreichs? Antwort: Ja, die Deutschen sind seit Karl dem Großen die Erbfreunde Frankreichs!«

15 Politstars der europäischen Szene: Bruno Kreisky und Franz Josef Strauss

16 Deutsch-französischer Reigen: die Partner wechseln, der Tanz bleibt

Der einzig lebende Marschall von Frankreich, *Alphonse Juin*, war wegen seiner Haltung in der Algerienfrage bei de Gaulle in Ungnade gefallen. Nachdem der Pariser Anwalt *René Floriot* eine Biographie des im Jahre 1815 hingerichteten Marschalls Ney geschrieben hatte, sandte er Juin ein Exemplar mit der Bemerkung: »Damit Sie sehen, was einem Marschall von Frankreich geschehen kann.« Juin revanchierte sich mit einem Exemplar seiner Kriegserinnerungen »Der Feldzug in Italien«, in das er geschrieben hatte: »Das könnte mir nicht passieren, denn ich würde mich von René Floriot verteidigen lassen.«

Auch General *Valluy*, der NATO-Oberbefehlshaber Zentraleuropas, fand bei Charles de Gaulle wenig Gnade. Valluy schilderte dem deutschen Verteidigungsminister Franz Joseph Strauß einmal sehr drastisch, wie seine erste Audienz beim Staatschef verlaufen war: »Er ist nicht aufgestanden und hat mir nicht die Hand gegeben, sondern nur befohlen: ›Setzen Sie sich, General! Reden Sie General!‹ Ich habe ihm die NATO-Integration erläutert und daraufhin hat er gesagt: ›Gehen Sie, General! Sie sind kein französischer General mehr!‹«

De Gaulle war es schließlich gelungen, das Algerienproblem zu lösen und die französischen Wähler hießen diese Lösung bei der Volksabstimmung mit großer Mehrheit gut. Als der General gefragt wurde, ob er der Bevölkerung für ihr Ja bei der Algerienabstimmung nicht offiziell seinen Dank aussprechen wolle, fragte de Gaulle zurück: »Wie kann Frankreich Frankreich danken?«

Die Gottähnlichkeit de Gaulles bot Anlaß zu vielen Scherzen. So erzählte man sich, Madame de Gaulle habe das Badezimmer im Elysee-Palast betreten, das sie leer wähnte, dort aber ihren Mann unter der Dusche angetroffen und überrascht ausgerufen: »Mein Gott!« Würdevoll habe ihr der General entgegnet: »Meine Liebe, zu Hause, unter vier Augen kannst du Charles zu mir sagen!«

Als in Paris einmal diskutiert wurde, warum es in dem kleinen Ort Colombey-les-deux-Eglises zwei Kirchen gebe, meinte ein britischer Diplomat: »Ich nehme an, in der anderen wird Gott verehrt.«

Um die ruhige Entwicklung der Fünften Republik zu festigen, setzte General de Gaulle eine Verfassungsänderung durch, wonach im Falle der Verhinderung oder des Ablebens des Staatspräsidenten ein Vizepräsident die Staatsgeschäfte weiterführen sollte. Der Posten wurde aber zunächst nicht besetzt. »Der einzige Kandidat, den der General akzeptieren würde«, antwortete Informationssekretär *Alain Peyrefitte* auf Anfragen von Journalisten, »wäre Konrad Adenauer.«

Die deutsch-französische Aussöhnung war die Krönung des Lebenswerkes de Gaulles und seines Freundes Adenauer. Auf seiner großen Deutschlandreise hatte der General auch München besucht, wo er ebenso begeistert empfangen wurde, wie in den anderen deutschen Städten. Nachher erklärte der bayerische Staatsminister *Otto Schedl:* »Also, die Aussöhnung mit de Franzosen hätt ma g'schafft. Jetzt kämerten de Preißn dran. Aber des wird wohl länger dauern...«

Nach der Beendigung des Staatsbesuches sagte ein hoher Beamter in Bonn begeistert: »De Gaulle ist geradezu Napoleon der Fünfte.« »Wieso der Fünfte?« fragte man ihn. »Einen vierten gab es ja gar nicht.« »Der Mann ist so groß«, replizierte der Beamte, »der reicht für zwei Nummern.«

In der Praxis stieß die deutsch-französische Freundschaft manchmal auf Schwierigkeiten. Als der Ministerpräsident von Nordrhein-Westfalen, *Franz Meyers*, Paris besuchte, klagte er gegenüber dem französischen Staatssekretär, Michel Habib-Deloncle, über seine mangelnden Sprachkenntnisse: »Ihre Sprache ist für mich wie meine Frau. Ich liebe sie, ich verehre sie, aber ich beherrsche sie nicht!«

Noch schlimmer erging es dem französischen Abgeordneten *Auguste Pinton* vom Europarat. Vor Journalisten in Bonn sagte er, seine Sprachkenntnisse reichten nicht aus, um »in der Stadt Goethes« Deutsch zu sprechen. Nachdem man ihn darauf aufmerksam gemacht hatte, daß er offenbar Beethoven mit Goethe oder Bonn mit Frankfurt verwechselt habe, antwortete Pinton gewandt: »Goethe ist überall in Deutschland zu Hause.«

Nachdem im Jahre 1958 Papst Pius XII, gestorben war, begann das Rätselraten über seinen Nachfolger. Als sich im Konsistoriensaal die Kardinäle versammelten, fragte ein Journalist Kardinal *Tisserant*, ob er unter den Versammelten bereits den künftigen Papst erblikke. Die Antwort des Kardinals war eines vatikanischen Diplomaten würdig: »Mein Freund, dieser Saal ist sehr groß und ich bin ein alter Mann, der sehr schlecht sieht.«

KAPITEL IV

Auch Maria Stuart sprach französisch

oder

DAS EUROPA DER GEMEINSCHAFTEN

Es gibt nur eine Alternative zur
Einigung Europas – den Untergang
Europas.

Konrad Adenauer im Jahre 1963

Zur allgemeinen Überraschung wurde der Patriarch von Venedig, Kardinal *Roncalli,* zum neuen Papst gewählt. Wegen seines hohen Alters bezeichnete man den Heiligen Vater als einen »Papa di passagio«, einen Übergangspapst. Bald hieß Johannes XXIII. aber wegen der vielen Ausfahrten, Besuche und Reisen, die er unternahm, »Papa di passegio«, der spazierengehende Papst. Die englischen und amerikanischen Korrespondenten in Rom dagegen erfanden für ihn in Anlehnung an eine bekannte Whiskymarke einen einprägsamen Namen: »Johnnie Walker.«

Bald nach seiner Wahl gab Johannes XXIII. den Auftrag, das Zweite Vatikanische Konzil vorzubereiten. »Eure Heiligkeit«, erklärten seine Ratgeber, »es wird unmöglich sein, mit den Vorbereitungen bis zum Jahre 1963 fertig zu sein.« »Gut«, antwortete der Papst, »dann seht zu, daß Ihr bis 1962 fertig seid!«

Die überstürzten Vorbereitungen für das Konzil kommentierte der Innsbrucker Jesuitenpater *Karl Rahner* mit den Worten: »Früher hatte man ein Thema und suchte nach einem Konzil. Jetzt hat man ein Konzil und sucht nach einem Thema.«

Der Heilige Vater ernannte den 35jährigen Professor Hans Küng und dessen 36jährigen Kollegen Joseph Ratzinger zu offiziellen Konzilstheologen. Daraufhin erklärte der 65jährige Dogmatikprofessor *Michael Schmaus:* »Die theologischen Teenager sind auf dem Konzil große Mode geworden.«

Bald traten auf dem Konzil zwei Gruppen hervor: Die Orthodoxen, als deren Anführer der Kurienkardinal Ottaviani galt, und die Reformer, zu denen der Vorsitzende des Sekretariats für die Einheit der Christen, Kardinal Bea, gehörte. Der römische Korrespondent des »Daily Telegraph« behauptete, Kardinal Ottaviani habe einmal statt der liturgisch korrekten Worte »Mea culpa, mea culpa, mea maxima culpa« seufzend gesagt: »Bea culpa, bea culpa, bea maxima culpa«.

Kardinal *Suenens,* der zu den Reformern gehörte, hatte vorgeschlagen, daß auch für Bischöfe ein Pensionsalter eingeführt werden solle. »Das geht nicht«, erwiderte man ihm, »denn ein Bischof ist mit seiner Diözese unlöslich verbunden wie Mann und Frau durch das Band der Ehe.« Daraufhin zeigte Kardinal Suenens auf Kardinal Doepfner, der von Berlin nach München berufen worden war, und auf einige andere Bischöfe, die von kleineren in größeren Diözesen gewechselt hatten, und sagte: »Ich sehe eine Reihe von Bischöfen, die offenbar geschieden sind.«

In der evangelischen Kirche war der Landesbischof von Hannover, *Hanns Lilje,* ein Vertreter der fortschrittlichen Richtung. Gerne erzählte er folgende Gesichte: »Ein Mann, der aus der Kirche ausgetreten ist, wird von seinem Freund gefragt: ›Willst Du denn von Gott nichts mehr wissen?‹ ›Von Gott schon‹, erwiderte der Mann, ›aber mit seinem Bodenpersonal verstehe ich mich nicht mehr.‹«

Bei einem Essen, an dem Bischof Lilje teilnahm, erzählte Konrad Adenauer: »Bei meinem letzten Besuch in Rom hat mich der Heilige Vater gefragt, wen ich für den besten Bischof in Deutschland halte. Ich habe mit der Antwort sehr lange gezögert, so daß der Heilige Vater schließlich gesagt hat: ›Ich glaube, der Bischof Lilje.‹« Daraufhin stand Lilje auf und erklärte in einer improvisierten Tischrede, diese Äußerung des Oberhauptes der katholischen Kirche beeindrucke ihn sehr und fügte hinzu: »Jetzt glaube ich an die Unfehlbarkeit des Papstes.« Bald darauf weilte Adenauer neuerlich zu einem Besuch in Rom und erklärte nach seiner Rückkehr: »Ich habe dem Heiligen Vater erzählt, was Lilje gesagt hat. Er hat daraufhin gemeint: ›Eigentlich müßten wir den Lilje nach Rom holen, damit es hier wenigstens einen Bischof gibt, der an die Unfehlbarkeit des Papstes glaubt.‹«

Im Jahre 1963 vollzog Konrad Adenauer nach vierzehnjähriger Amtstätigkeit seinen oft angekündigten und immer wieder verschobenen Rücktritt. Die Langlebigkeit des Bundeskanzlers war bereits legendär geworden. Als die Londoner Zeitschrift »New Statesman« in einem Preisausschreiben die sensationellste imaginäre Schlagzeile suchte, hatte ein Einsender vorgeschlagen: »Adenauer gestorben.«

Der Spaßvogel der CDU-Fraktion im Bundestag, Abgeordneter *Majonica*, hatte einmal erzählt: »Wissen Sie schon, daß sich Adenauer eine junge Schildkröte gekauft hat? Er will sehen, ob sie tatsächlich zweihundert Jahre alt wird.«

Seinen letzten Wahlkampf als Bundeskanzler hatte Konrad Adenauer im Jahre 1961 gegen eine SPD geführt, die unter ihrem Spitzenkandidaten Willy Brandt mit neuen Initiativen und Programmen aufwartete. Sogar in der Wehrfrage hatten die Sozialdemokraten ihre traditionelle Haltung revidiert. In Bonn sagte man, die alten SPD-Parolen »Nie wieder Krieg!« und »Ohne uns!« seien unter Willy Brandt zu einem neuen Leitspruch zusammengefaßt worden: »Nie wieder Krieg ohne uns!«

Auch im Wahlkampf selbst entwickelte die SPD einen neuen Stil. Willy Brandt fuhr im offenen Mercedes durch das Land, hielt überall kurze Ansprachen und schüttelte viele Hände. »Fast wie beim Führer«, sagte eine alte Bäuerin im Schwäbischen, »nur kam man damals nicht so nahe ran...«

Eine der attraktivsten Politikerinnen der SPD war Annemarie Renger, die langjährige Sekretärin Kurt Schuhmachers. Ihr Ruf, die eleganteste Abgeordnete zu sein, geriet in Gefahr als *Hedda Heuser* von der FDP in den Bundestag gewählt wurde. »Wie soll sich eine Politikerin anziehen?« wurde die neugewählte Abgeordnete von einer Journalistin gefragt. »Auf keinen Fall wie eine Politikerin«, antwortete Hedda Heuser.

Nachfolger Adenauers als Bundeskanzler wurde Professor Ludwig Erhard, der ein souveräner Wirtschaftspolitiker, aber kein Mann der großen Worte und der zündenden Rhetorik war. Als sein inoffizielles Regierungsprogramm konnte das Wort gelten, das er einmal nach dem Abschluß schwieriger Wirtschaftsverhandlungen prägte: »Ein Kompromiß ist die Kunst, einen Kuchen so zu teilen, daß jeder überzeugt ist, das größte Stück bekommen zu haben...«

In England trat im Jahre 1963 Premierminister MacMillan zurück. Die Aufregung über die Ernennung von Außenminister Lord Home zu seinem Nachfolger legte sich erst, nachdem Home auf seinen Adelstitel verzichtet und bei einer Nachwahl in seiner schottischen Heimat erfolgreich kandidiert hatte, um in das Unterhaus einziehen zu können. Auf die Erklärung des Oppositionsführers Harold Wilson, der vierzehnte Earl of Home an der Spitze der Regierung sei ein Anachronismus, antwortete Home: »Ich verstehe Mr. Wilson nicht ganz. Wenn man es genau betrachtet, ist er ja auch der vierzehnte Mr. Wilson.«

Home setzte sich auch weiterhin gegen den Vorwurf altmodisch und reaktionär zu sein, mit Geschick zur Wehr. »Die Engländer«, erklärte er, »behaupten, wir Schotten hätten den Vormarsch der Zivilisation um einige Jahrhundert verzögert. Wenn wir gewußt hätten, wohin die Zivilisation marschieren wird, hätten wir sie wahrscheinlich noch länger verzögert...«

Nikita Chruschtschow war im Jahre 1963 gezwungen, große Weizenkäufe in Amerika und Kanada zu tätigen. Prompt machte daraufhin eine Karikatur die Runde durch fast alle Zeitungen der freien Welt. Sie zeigte Chruschtschow an seinem Schreibtisch und neben ihm den sowjetischen Landwirtschaftsminister, der sagt: »Genosse Chruschtschow, wenn der Kommunismus die ganze Welt erobert hat, wo werden wir dann unseren Weizen kaufen?«

In Moskau zirkulierte zur gleichen Zeit ein bissiges Wort: »Was war Stalins letzter großer Fehler? Daß er nur für zehn Jahre Weizen eingelagert hat.«

Im Jahre 1963 war es aber so wie zu Stalins Zeiten in Moskau nicht ratsam, Witze zu erzählen. Chruschtschow ließ den Korrespondenten des amerikanischen Nachrichtenmagazins »Time« ausweisen, weil dieser in einem Bericht eine beliebte Moskauer Scherzfage wiedergegeben hatte: »Wie wird das Jahr 1964 sein?« Antwort: »Schlechter als 1963, aber besser als 1965.«

Um sich einen liberalen Anstrich zu geben, schickte Chruschtschow seine Tochter Rada samt Schwiegersohn *Alexej Adschubej* auf Auslandsreisen. Als Adschubej auf einer Pressekonferenz mitteilte, daß seine Frau Rada als Redakteurin einer wissenschaftlichen Zeitung fast so viel verdiene wie er, wurde die Frage gestellt, wer im Haushalt die Entscheidungen treffe. »Darauf kann ich nur mit einem Witz antworten«, sagte Adschubej. »Eine Frau, die von ihrer Freundin gefragt wird, wer in ihrer Ehe entscheide, antwortete: ›Mein Mann entscheidet die wichtigen Dinge, ich die unwichtigen. Ich entscheide zum Beispiel, ob wir ein Auto kaufen, ob wir eine neue Wohnung brauchen, ob ich einen Pelz bekomme usw. ›Und was entscheidet dein Mann?‹ fragt die Freundin. ›Der entscheidet, ob sich de Gaulle und Chruschtschow treffen sollen.‹«

Ein schwerer Rückschlag für die europäischen Einigungsbestrebungen war die Weigerung General de Gaulles die Engländer in die EWG aufzunehmen, weil sie nicht »europareif« seien. Lord Home replizierte darauf mit einer Erklärung, in der es hieß: »Ein großer Franzose namens Napoleon hat einmal gesagt, wir seien eine Nation von Krämern. Die einzige Erinnerung an ihn in unserer Hauptstadt ist ein Bahnhof namens Waterloo. Wir mögen Krämer sein, aber wir verkaufen weder unsere Verbündeten noch unsere Grundsätze...«

Die EWG bereitete der Landwirtschaft und die Landwirtschaft der EWG große Sorgen. Als dem deutschen Landwirtschaftsminister *Schwarz* das fünfte Enkelkind geboren wurde, sagte seine Tochter an der Wiege: »Ich glaube, er wird einmal ein guter Bauer werden.« »Wieso weißt Du das?« fragte der Großvater. Darauf die Tochter: »Hörst Du nicht, wie er stöhnt?«

Langwierige Verhandlungen waren bei der EWG die Regel. Luxemburgs Außenminister *Eugen Schaus* schloß einmal eine Beratung, die achtzehn Stunden gedauert hatte, um vier Uhr früh und berief die nächste Sitzung für zehn Uhr vormittag des gleichen Tages. Worauf sein holländischer Kollege *Joseph Luns* erklärte: »Monsieur, ich muß Ihnen mitteilen, daß der Außenminister des Königreiches der Niederlande um zehn Uhr vormittag in seinem Bett liegen, seine zweite Schlaftablette nehmen und an Sie denken wird!«

Carlo Schmid sagte anläßlich eines Besuches in Moskau zu Nikita Chruschtschow: »Eines verstehe ich nicht: Die Sowjetunion hat mit dem Sputnik den ersten Satelliten in den Weltraum geschickt, aber im Hotel ›Sowjetskaja‹, wo ich wohne, tropfen die Wasserhähne.« Daraufhin Chruschtschow: »Das ist leicht zu erklären: Um einen Erdsatelliten zu bauen, braucht man nur einige Genies. Für Wasserhähne, die nicht tropfen, braucht man Generationen von geschulten Handwerkern!«

Bald nach dem großen Postraub in England, bei dem die Täter mehr als zwei Millionen Pfund erbeutet hatten, erschien in der ungarischen satirischen Wochenschrift »Ludas Matyi« ein Artikel, in dem dargelegt wurde, warum sich ein derartiges Verbrechen in Ungarn niemals ereignen könne: »Bei uns sind die Voraussetzungen dafür ganz einfach nicht gegeben. Zunächst einmal wären von den dreißig Mitgliedern der Bande mindestens vier krankgeschrieben, acht wären irrtümlich zur falschen Bahnstation gegegangen und zwei hätten vom Plattensee telegraphiert, daß sie erst in zwei Tagen vom Urlaub kommen würden. Es wäre auch nicht möglich gewesen, das Eisenbahnsignal mit einem Tuch zu verdecken, da wir bekanntlich Textilknappheit haben. Außerdem hätte der Postzug mindestens zwei Stunden Verspätung gehabt. Schließlich haben die Täter das gestohlene Geld mit einem Lastwagen abtransportiert. Das mag vielleicht in England möglich sein, aber bei uns, wo alle Reparaturstationen drei Monate hinter dem Plansoll zurück sind, hätte die Bande niemals ein Fahrzeug gefunden, um die Beute wegzuschaffen.«

Über die Versuche der Partei, den Unmut der Bevölkerung über die Versorgungsmängel zu beschwichtigen, erzählte man sich in der DDR folgende Geschichte: »Ein Funktionär der SED doziert in einer Betriebsversammlung: ›Da fragen wir uns zunächst, was kostet bei uns ein Nylomhemd? Nun, etwa fünfzig bis achtzig Mark. Und was kostet ein Nylonhemd beim Klassenfeind? Nun, etwa fünfzehn bis zwanzig Mark. Nun paßt mal gut auf, Genossen: Was kostet bei uns ein Töpfchen Marmelade? Sagen wir: Eine Mark. Und beim Klassenfeind: Auch eine Mark! Und da, Genossen, müssen wir uns doch fragen: Wieviel Marmelade kann sich der Klassenfeind denn wohl für sein schäbiges Nylonhemd kaufen?‹«

Dabei ging es den Bürgern der DDR immerhin so gut, daß die benachbarten Polen jede Gelegenheit benützten, über die Grenze zu kommen und in ostdeutschen Warenhäusern einzukaufen. Worauf in der DDR die Scherzfrage umging: »Warum wird in den Kaufhäusern jetzt jede Stunde die polnische Nationalhymne gespielt?« Antwort: »Da stehen die Polen stramm und die Deutschen kommen auch zum Einkaufen!«

Deutschlands Außenminister *Walter Scheel*, wegen seiner Frohnatur von Franz Josef Strauß einmal das »Funkenmariechen« der Bundesregierung genannt, war ein Gegner allzu intensiven Verhandelns. »Ich möchte nicht«, erklärte er einmal, »daß es mir so geht wie meinem niederländischen Freund Joseph Luns. Der klagte mir in einer Konferenzpause in Brüssel: ›Wenn ich sonntags einmal zu Hause bin, fragen meine Kinder: Mutti, wer ist der blasse Mann dort, der den Braten aufschneidet?!‹«

Von Frankreichs Außenminister Maurice Couve de Murville verabschiedete sich Luns nach einer der traditionellen Marathonsitzungen mit den Worten: »Französisch will ich nicht sprechen, Englisch wollen Sie nicht hören, also sage ich Ihnen auf deutsch: Gute Nacht!«

Couve de Murville war ein gefürchteter Unterhändler. Dementsprechend sagte General de Gaulle einmal zu Nikita Chruschtschow: »Ihr Außenminister Gromyko und mein Außenminister Couve sind beide Eisblöcke. Aber mit einem Unterschied: Setzt man Gromyko auf einen Ofen, schmilzt Gromyko. Setzt man Couve auf einen Ofen, friert der Ofen ein.«

Brüssel, der Sitz der Europäischen Wirtschaftsgemeinschaft, war wieder mal der Schauplatz erregter Straßendemonstrationen. Es ging dabei darum, daß sich die fünf Millionen Flamen in Belgien schlechter behandelt fühlten als die vier Millionen Wallonen. »Belgien«, seufzte Ministerpräsident *Lefevre,* der selbst Flame war, »ist das einzige Land der Welt mit einer unterdrückten Mehrheit...«

Auch in außenpolitischen Fragen hatte Lefevre ein ausgeprägtes Urteil. »Es gibt«, erklärte er einmal, »heutzutage in Europa nur mehr kleine Staaten. Solche, die es schon wissen, und solche, die es noch nicht wissen.«

Im Herbst 1966 wurde in der Bundesrepublik die kleine Koalition von der großen Koalition abgelöst. Ludwig Erhard trat zurück und Bundeskanzler wurde der Ministerpräsident von Baden-Württemberg, *Kurt Georg Kiesinger,* über den sein persönlicher Referent *Peter Dallinger* einst in der Zeitung des Stuttgarter Presseballes geschrieben hatte:
»Da schreitet als Hauptakteur auf die Szene,
mit silbriger Mähne, Kurt Georg der Schöne!«

Der Pressesprecher der CDU, *Arthur Rathke,* sagte über Kiesinger, der wegen seiner gepflegten, manchmal auch pathetischen Schreibweise bisweilen »Häuptling Silberzunge« genannt wurde: »Die CDU hat jetzt einen Heldentenor, der auch fürs lyrische Fach geeignet ist.«

Vizekanzler und Außenminister der großen Koalition wurde der langjährige Regierende Bürgermeister von Berlin und Parteivorsitzende der SPD, *Willy Brandt.* Als ein Reporter des Österreichischen Rundfunks nach Bonn kam, um den neuen Vizekanzler zu interviewen, traf er in Brandts Dienstvilla dessen zwölfjährigen Sohn Peter an, der, nach seinen Berufswünschen befragt, erklärte, Geschichte studieren zu wollen. »Wer kann besser Geschichte«, fragte daraufhin der Reporter, »dein Vater oder du?« »Ich glaube, von 1789 an er«, meinte Peter Brandt.

Für die beiden großen Parteien, die sich einander siebzehn Jahre lang im Parlament befehdet hatten, war es zunächst ungewohnt, in einer Koalition zusammenzuarbeiten. Kurt Georg Kiesinger sagte dazu in einer Versammlung vor Funktionären der CDU: »Ich kann mir vorstellen, daß es vielen von euch so geht, wie dem bayrischen Infanteristen, der im Kriege von 1870/71 seufzte: ›Ja mei, das war'n Zeiten, wia ma no auf de Preiß'n hab'n schiaßen dirfen!‹«

Vor dem Überseetag in Hamburg ging Kiesinger auf die Problematik der großen Koalition mit dem Scherzwort ein: »Die einen sagen, in diesem Kabinett sitzen fähige Leute. Die anderen meinen, in diesem Kabinett sitzen Leute, die zu allem fähig sind.«

Die Kanzler kamen und gingen, doch Franz Josef Strauß blieb, bekleidete in wechselnden Kabinetten verschiedenen Regierungsfunktionen und sorgte für bayerisches Kolorit in der Bonner Politik. Als er noch Bundesverteidigungsminister war, charakterisierte er die Zustände in seinem Amt auf einem Herrenabend in der Godesberger Redoute mit folgender Geschichte: »Eine Ziege und eine Schnecke steigen in Bonn aus dem Zug. Die Ziege fragt die Schnecke, wie man am schnellsten zum Strauß in das Bundesverteidigungsministerium käme. Die Schnecke schildert den Weg bis zum Vorzimmer und die Ziege setzt sich mit großen Sprüngen in Bewegung. Als sie schließlich im Vorzimmer des Ministers ankommt, trifft sie dort zu ihrem Erstaunen die Schnecke und fragt: ›Wie kommst du denn so schnell hierher?‹ Worauf die Schnecke lächelnd antwortet: ›In diesem Haus, meine Liebe, kommt man mit Kriechen am schnellsten vorwärts!‹«

Im Kabinett der großen Koalition war Franz Josef Strauß Finanzminister und verstand sich überraschend gut mit dem Bundeswirtschaftsminister *Karl Schiller*, der wegen seiner Allüren manchmal »Callas Schiller« und wegen der zahlreichen Fachausdrücke, die in seinen Reden vorkamen, der »Bundeswortschatzminister« genannt wurde. Als Schiller in seiner Parlamentsrede wieder einmal Ausdrücke wie »black boxes«, »sektorale Streuungsbreite«, »antizyklische Zielprojektoren« usw. gebraucht hatte, fragte der Fraktionsvorsitzende der SPD, der spätere Bundeskanzler *Helmut Schmidt*, der bei Professor Schiller an der Hamburger Universität studiert hatte, verzweifelt: »Karl, sag einmal, kannst du eigentlich deutsch?«

Im Almanach des Bonner Presseballes 1967 machten sich die Journalisten über den Wortschatz Karl Schillers mit dem Quiz lustig: »Was ist eine Talsohle? a) Tiefster Punkt eines stillgelegten Bergwerkes? b) In Volksliedern üblicher Ausdruck für Zweckpessimismus? c) Orthopädische Einlage für Senkfüße? – Was ist die soziale Symmetrie? a) Die leninistisch-marxistische Variante des Goldenen Schnittes? b) Ein demokratisches Auswahlsystem? c) Die Abgeordnetenpension? – Was ist die abgestufte Präsenz? a) Der Zustand bei 2,8 Promille Blutalkoholgehalt? b) Die durchschnittliche Beteiligung an Plenarsitzungen? c) Die Zeitform in Kisuaheli?«

Konrad Adenauer feierte im Jahre 1966 seinen 90. Geburtstag. Zum großen Festakt in Bonn kam auch sein ehemaliger Finanziminister *Fritz Schäffer,* der bei dieser Gelegenheit den Journalisten anvertraute: »Konrad Adenauer ist ein großer Mann, aber wie alle großen Männer, von Julius Cäsar angefangen, hat er keine Ahnung von Finanzen.«

Schäffer hatte nicht unrecht. Einem anderen seiner ehemaligen Finanzminister, Franz Etzel, vertraute Adenauer, nachdem der erste Band seiner Memoiren erschienen war und hohe Auflagen erzielt hatte, an: »Jetzt weiß ich erst, was Steuerzahlen heißt.«

Im Mai 1968 erschütterte der Aufstand der Pariser Studenten die Fünfte Republik. Viele Intellektuelle, darunter auch Jean Paul Sartre, schlossen sich der Bewegung an. Als der Innenminister erwog, einen Haftbefehl gegen Sartre zu erlassen, wies ihn Charles de Gaulle mit den Worten zurecht: »Unsinn! Einen Voltaire verhaftet man nicht!«

Auch in der Bundesrepublik fanden die rebellierenden Studenten Unterstützung und Ermutigung durch einige Hochschullehrer. Als einer von ihnen, Theodor Adorno, später einmal die Polizei gegen Studenten, die seine Vorlesung störten, zu Hilfe rief, sagte Carlo Schmid spöttisch zu ihm: »Sehen Sie, Herr Kollege, Revolutionen fressen nicht nur ihre Kinder, sondern auch ihre Väter, Großväter und Onkel.«

Im August des Jahres 1968 setzte der Einmarsch der sowjetischen Truppen dem Prager Frühling ein Ende. Im benachbarten Österreich verfolgte man die Truppenmassierungen an der Grenze und die Verletzung der österrreichischen Lufthoheit durch sowjetische Flugzeuge mit einer gewissen Besorgnis. Als im Ministerrat die Frage erörtert wurde, ob die Bundesregierung im Falle eines Übergreifens des Konfliktes auf österreichisches Staatsgebiet allenfalls in eines der westlichen Bundesländer ausweichen solle, meinte der ehemalige Außenminister Karl Gruber, der nunmehr im Kabinett Klaus als Staatssekretär mit den Agenden der Verwaltungsreform betraut war: »Es ist besser, die österreichische Bundesregierung wird in Wien erschossen, als daß sie ein Beispiel der Furcht gibt.« Worauf sein Amtskollege, der Staatssekretär im Bundeskanzleramt, *Karl Pisa,* meinte: »Gruber, du treibst die Verwaltungsreform zu weit!«

Nach den Bundestagswahlen des Jahres 1969 bildeten SPD und FDP unter dem Vorsitz von Willy Brandt die Regierung. Vizekanzler und Außenminister dieser sozial-liberalen Koalition wurde Walter Scheel, der schon unter Adenauer und Erhard dem Kabinett angehört hatte und seine politische Überlebensfähigkeit mit den Worten charakterisiert hatte: »Ich bin der Anastas Mikojan der FDP.«

Die neue Bundesregierung betrieb eine neue Außenpolitik im Zeichen der Entspannung. In Bonn erzählte man sich, Bundeskanzler Willy Brandt habe dem neuen deutschen Botschafter in Moskau, *Helmut Allardt*, die Weisung mitgegeben, er solle in allem das gerade Gegenteil seines Vorgängers machen. Worauf Allardt geantwortet haben soll: »Herr Bundeskanzler, ich werde mich so verhalten, daß Sie meinem Nachfolger nicht die gleiche Weisung erteilen müssen.«

Einer der Architekten der neuen Ostpolitik war Botschafter *Georg Ferdinand von Duckwitz,* den Brandt aus dem Ruhestand in das Außenamt zurückgeholt hatte, wo er schließlich Staatsekretär wurde. In dieser Eigenschaft geriet er bald mit dem früheren Staatssekretär Karl Carstens, der nunmehr CDU-Abgeordneter war und später Bundespräsident wurde, in einen langen Streit über die Ostverträge. Duckwitz meinte dazu: »Carstens ist Jurist und fragt immer nur, inwieweit wir recht haben. Ich bin Diplomat und frage mich deshalb auch, inwieweit wir recht bekommen können.«

Willy Brand traf im September 1971 auf der Krim mit dem sowjetischen Parteichef Leonid Breschnew zusammen. Um die Atmosphäre aufzulockern, erzählte man eingangs Witze. Brandt begann mit der Scherzfrage: »Was ist der Unterschied zwischen Kapitalismus und Kommunismus? Antwort: Im Kapitalismus beutet der Mensch den Menschen aus und im Kommunismus ist es genau umgekehrt!«

Breschnew revanchierte sich mit folgender Geschichte: »Beim Besuch einer Kolchose im Kaukasus habe ich über den Fünfjahresplan und seine Auswirkungen gesprochen: ›Für die Kinder wird es jeden Tag Milch geben, für alle Leute Fleisch am Sonntag, einmal im Jahr ein Paar Schuhe für jeden Sowjetbürger und für die Frauen zweimal im Jahr Stoff für ein Kleid.‹ Als ich fertig war, stand hinten im Saal eine alte Bäuerin auf und sagte: ›Habe ich Sie richtig verstanden, Gospodin Generalsekretär, daß es ungefähr so werden wird wie unter Väterchen Zar?‹«

In Österreich begann im Jahre 1970 die Ära Kreisky. Insgesamt dreizehn Jahre stand der Kanzler an der Spitze einer sozialistischen Alleinregierung und in dieser Zeit entstand das Wort: »Warum sind die Österreicher ein glückliches Volk? Weil sie deutsch sprechen, aber keine Preußen sind. Weil sie Hammer und Sichel im Wappen haben, aber keine Kommunisten sind. Und weil sie den Bundeskanzler Bruno Kreisky haben, aber keinen Krieg gegen die Araber führen müssen...«

Bruno Kreisky fuhr als erster österreichischer Bundeskanzler seit dem Ende des Zweiten Weltkrieges nach Prag. Zum Abschluß seines Besuches lud er seine Gastgeber zu einem Gegenbesuch ein und forderte sie auf, mitzubringen, wen immer sie wollten. Zurückhaltend antworteten die Prager Funktionäre: »Aber werden Sie denn genug Hotelbetten in Wien haben?« Kreisky beruhigte sie: »Das ist kein Problem. Die können doch notfalls alle bei Verwandten schlafen!«

Sonnenkönig, Zampano, Magier, – das waren nur einige der schmückenden Worte, mit denen Bruno

Kreisky von den Medien belegt wurde. Gleichsam zur Kompensation für so viel Bewunderung erzählte man sich am Höhepunkt der Ära Kreisky in Wien folgenden Witz: »Bruno Kreisky kommt in den Himmel und wird von Petrus gefragt: ›Wer bist du?‹ Kreisky: ›Ja kennst du mich nicht? Ich bin doch der bekannteste und beliebteste Österreicher!‹ Daraufhin schüttelt Petrus den Kopf und sagt: ›Also den Franz Klammer hab' ich mir ganz anders vorgestellt!‹«

Im Jahre 1973 war es endlich so weit, daß Großbritannien der EWG beitrat. Die Briten brachten einen neuen Stil nach Brüssel. Es begann damit, daß der schottische Abgeordnete *Russell-Johnson*, in den malerischen Kilt seiner Heimat gekleidet, seine Brüsseler Antrittsrede in vollendetem Französisch hielt. Als ihn nachher die Franzosen ebenso überrascht wie erfreut zu seiner Rede beglückwünschten, sagte Russel-Johnson: »Ich wollte damit das Andenken unserer großen Königin ehren. Auch Maria Stuart sprach Französisch...«

Die Briten bekamen nach ihrem Beitritt eine entsprechende Anzahl von Positionen in den Leitungsgremien der EWG zugeteilt. Der neue Leiter der Abteilung Funk, Fernsehen und Massenmedien, ein Londoner Werbefachmann für Lebensmittel und Spirituosen, schockierte seine Kollegen mit der Antrittserklärung in der besten Tradition des britischen Understatements: »Vom Fernsehen weiß ich leider nur, wo am Apparat der Knopf ist, mit dem man ein- und ausschaltet.«

Den Engländern fiel es nicht leicht, sich an kontinentale Sitten und Gebräuche zu gewöhnen. Als in der britischen Hauptstadt ernstlich darüber diskutiert wurde, ob man im Gefolge des Beitritts zur EWG nun auch die Dezimalwährung einführen solle, meinte ein Londoner: »Wenn es Gottes Wille gewesen wäre, daß die Menschheit nach dem Dezimalsystem rechnet, dann gäbe es nur zehn Apostel!«

Das größte Problem der EWG war nach wie vor die Agrarfrage. Die Marathonsitzungen des Ministerrates zur Klärung landwirtschaftlicher Probleme waren ebenso berüchtigt wie die Tatsache, daß nach Abschluß der Sitzungen die Probleme meist noch verworrener waren als zuvor. Der Bonner Landwirtschaftsminister *Josef Ertl*, ein gemütlicher Bayer, tröstete deshalb einmal seine Kollegen im Ministerrat der EWG mit der Feststellung: »Es gibt einen Grundsatz in der Politik, daß nichts beständiger ist als falsche Lösungen ...«

Europa wurde im Herbst des Jahres 1973 vom ersten Erdölschock getroffen. Die Teuerungswelle in seinem Gefolge machte Regierenden und Regierten gleichermaßen schwer zu schaffen. So erklärte der österreichische Finanzminister *Hannes Androsch:* »Nur durch eine deutliche Trennung zwischen Teuerung und Inflation kann verhindert werden, daß sich aus der gegenseitigen Aufschaukelung eine sekundäre Kosteninflation ergibt.« Daraufhin höhnte der damalige Generalsekretär der ÖVP, *Erhard Busek,* in bester Oppositonsmanier: »Der Finanzminster unterscheidet jetzt zwischen Teuerung und Inflation. Er sagt: ›Die Teuerung wird importiert, die Inflation dagegen kommt aus dem Ausland.‹«

Die Inflation hatte eine wahre Flut von Witzen zur Folge. So erzählte man in Österreich: »Ein Marsmensch kommt in ein Gasthaus und bestellt ein Bier. ›Macht zehn Schilling‹, sagt der Kellner und fügt hinzu: ›Sie sind der erste Marsmensch, der nach Österreich kommt.‹ ›Kein Wunder‹, erwidert der Marsmensch mürrisch, ›bei diesen Preisen ...‹«

In der Bundesrepublik wurden in den ersten Jahren der sozial-liberalen Koalition so viele politische Witze erzählt, daß sich die Bundesregierung schließlich veranlaßt sah, Psychologen mit diesem Phänomen zu befassen. Alle diese Scherze waren Variationen über ein Thema: »Der Bundeskanzler hat jetzt einen neuen Chefberater ernannt. Er stammt aus China und heißt ›Wat nu!‹« –»Warum lernt der Kanzler jetzt Griechisch? Weil er mit seinem Latein am Ende ist.« – »Was passiert, wenn die sozial-liberale Regierung in die Wüste geschickt wird? Zunächst gar nichts, aber nach drei Monaten wird der Sand teurer.«

Im Gefolge der Affäre Guilleaume trat Willy Brandt schließlich im Jahre 1974 zurück, und Helmut Schmidt, von der »Zeit« der »Kanzler mit dem Zeigefinger« und vom »France Soir« noch drastischer »le Feldwebel Helmut« genannt, wurde Regierungschef. Die britischen Sozialisten waren sehr verblüfft, als sie Schmidt auf ihrem Parteitag zu verstärkter Engagement in der EWG ermutigte, indem er ihren Landsmann Shakespeare zitierte:

»Es gibt Gezeiten auch für unser Tun:
Nimmt man die Flut wahr, führet sie zum Glück;
Versäumt man sie, so muß die ganze Reise
Des Lebens sich durch Not und Klippen winden.

Wir sind nun flott auf solcher hohen See
Und müssen, wenn der Strom uns liebt, ihn nutzen,
Wo nicht, so geht uns Schiff und Gut verloren.«

Die Briten ihrerseits gingen ihren europäischen Partnern mit ihren ständigen Bedenken auf die Nerven. In diesem Sinne schrieb die britische Zeitschrift »The Economist« einmal: »Wenn die Herren Schmidt, Fanfani und Giscard d'Estaing einmal ihre Memoiren schreiben, wird der Rechtsanwalt von Premierminister Wilson viel zu tun haben.«

Auch Wilsons Außenminister *Harald Brown* war eine recht eigenwillige Persönlichkeit. Er war dafür bekannt, daß er gerne trank und in diesem Zustand sehr freimütige Äußerungen machte. Bei einem Bankett zu Ehren des französischen Ministerpräsidenten Pompidou fragte er seine Tischdame, die Frau des französischen Botschafters, *Martine de Courcel,* ehe noch serviert wurde: »Wann werden Sie endlich mit mir schlafen?« Mit freundlichem Lächeln erwiderte Madame de Courcel: »Herr Minister, ich weiß nicht. Man hat mich das noch nie vor der Suppe gefragt.«

In der Bundesrepublik schuf die SPD eine Langzeitkommission, die die Richtlinien für die Verwirklichung sozialistischer Politik erarbeiten sollte. Was dabei herauskam, wurde von einem Delegierten aus Baden-Württemberg unter dem wohlklingenden Pseudonym Horst von Oertzenberg wie folgt parodiert: »Sozialismus ist die Aufgabe, sich selbst an den eigenen Haaren aus dem Sumpf zu ziehen, was physikalisch nicht geht, aber gesellschaftlich möglich ist, wie wir am Neandertaler sehen, der sich selbst zum Menschen gemacht hat. – Das Godesberger Programm ist der hundertjährige Bauernkalender der Partei. – Das schlechte Deutsch in dieser Formulierung wird akzeptiert, weil es von Bildungspolitikern stammt. – Bei der Vaterschaftsprüfung haben wir das Verursacherprinzip schon verwirklicht. – Recycling bedeutet, daß die alten Flaschen immer wieder verwendet werden können, das ist wie bei uns in der Partei.«

Helmut Schmidt machte sich über ein Fünf-Punkte-Papier des Parteichefs Willy Brand einmal mit folgender Faschingsversion lustig: »1. Bei uns ist jeder zu gebrauchen, und sei es als abschreckendes Beispiel. 2. Wo wir sind, klappt nichts. Aber wir können nicht überall sein. 3. Jeder macht, was er will. Keiner macht, was er soll. Aber alle machen mit. 4. Wir wissen nicht, was wir wollen. Aber das mit aller Kraft. 5. Der Verstand ist unser Vermögen. Aber Armut schändet nicht.«

Der sowjetische Schriftsteller und Nobelpreisträger *Alexander Solschenizyn* wurde im Jahre 1974 aus der Sowjetunion ausgewiesen. Nach seiner Ankunft in der Bundesrepublik wurde er vom Flugplatz in das Haus des Schriftstellers Heinrich Böll gebracht. Unterwegs wurde das Auto von einem Polizeiwagen überholt und zum Halten aufgefordert. Solschenizyn war sehr erstaunt, als dem Wagen ein junger Mann entstieg, der ihm einen großen Blumenstrauß überreichte. Noch erstaunter war er, als der junge Mann sagte: »Vom Innenminister des Landes Rheinland-Pfalz. Der Herr Minister nimmt an, daß dies der erste Blumenstrauß ist, den Sie von einem Innenminister erhalten!«

In Portugal wurde im Jahre 1974 das autoritäre Regime nach jahrzehntelanger Herrschaft gestürzt. Es folgte eine Zeit der Unruhe, in der in Lissabon die Scherzfrage kursierte: »Warum kostet die KP-Zeitung ›Diario de Noticas‹ vier Escudos, die ›Prawda‹ aber nur drei? Antwort: Weil die Übersetzung einen Escudo kostet.«

Ein anderes Scherzwort, das zur gleichen Zeit die Runde machte, lautete: »Die Revolution hat Portugal zum größten Land der Erde gemacht: Die Hauptstadt ist Lissabon, die Regierung sitzt in Moskau, ein Großteil der Bevölkerung ist in Brasilien und das Geld ist in der Schweiz.«

Auch die Herrschaft General Francos in Spanien neigte sich ihrem Ende zu. Eine der Stützen des Regimes war Generalkapitän *Munoz Grandes*, im zweiten Weltkrieg Führer der Blauen Division in Rußland, ein orthodoxer Konservativer, aber ein Mann mit Humor. So erzählte er einmal Karl Gruber, dem österreichischen Botschafter in Madrid: »Weil ich mich als Oberst bei den Kämpfen in Nordafrika ausgezeichnet habe, hat man in den Zwanzigerjahren in meinem Heimatort Caranchebel eine Straße nach mir benannt. In der Volksfrontzeit ist die dann in Calle de los Pinos, in Straße der Pinien umbenannt worden. Das hätte mir an und für sich nichts gemacht, aber daß die Genossen in der Straße keine einzige Pinie gepflanzt haben, habe ich schäbig gefunden...«

In Helsinki wurden im Jahre 1975 in feierlicher Form die Schlußakte der Konferenz für Sicherheit und Zusammenarbeit in Europa, kurz KSZE genannt, unterzeichnet. Die Verwirklichung der Beschlüsse dieser Konferenz stieß in der Praxis allerdings auf einige Schwierigkeiten. Das zeigte sich, als das Wiener Burgtheater im Jahre 1976 seinen zweihundertsten Geburtstag feierte. Die Direktion des Hauses lud *Pavel Kohout* ein, an den Feierlichkeiten teilzunehmen, doch der Schriftsteller schrieb auf offener Postkarte aus Prag zurück: »Liebe Freunde, ich möchte gerne kommen, der Geist von Helsinki jedoch verschwamm mit der Zeit, so daß ich wieder kein Ausreisevisum bekommen kann, es sei denn, ich wäre bereit, für mindestens zwei Jahre auszureisen; leider dauert Ihr Jubiläum nicht so lange. Mit vielen freundlichen Grüßen Pavel Kohout.«

Im Jahre 1976 eskalierte der Streit zwischen Großbritannien und Island um die Heringsfanggründe so sehr, daß auf beiden Seiten Flotteneinheiten eingesetzt wurden. Der Londoner »Evening Standard« brachte dazu eine Karikatur, vom britischen Admirälen rund um einen Kartentisch, die einander vergnügt zurufen: »Mein Gott, so viel Spaß haben wir seit Skagerrak nicht mehr gehabt!«

Wie viele andere Krisen überlebte die NATO auch den britisch-isländischen Konflikt um die Fischereirechte. Immerhin war man im Hauptquartier des atlandischen Verteidigungsbündnisses für jeden, auch noch so bescheidenen Beitrag dankbar. Als der luxemburgische Verteidigungsminister *Emile Krieps* auf einer Pressekonferenz während einer NATO-Tagung nach der Truppenstärke seines Landes gefragt wurde, antwortete er: »Es sind 502, ach nein, neulich ist einer gestorben, also sind es immerhin 501 Soldaten.«

Zum ersten Mal seit Hadrian VI. im sechzehnten Jahrhundert wurde am 16. Oktober 1978 in der Person des polnischen Kardinals *Karol Wojtyla* ein Nichtitaliener zum Papst genannt. Zu den mannigfaltigen Eigenschaften von Johannes Paul II., wie sich das neue Oberhaupt der katholischen Kirche nannte, gehörte seine ausgezeichnete Sprachkenntnis, für die ihm vom italienischen Blatt »Espresso« taxfrei der Titel eines »Simultandolmetschers Gottes« verliehen wurde. Die »Frankfurter Allgemeine Zeitung« verwirrten diese linguistischen Fähigkeiten so sehr, daß das Blatt während eines Besuches des Papstes in seiner polnischen Heimat einen Bericht über das Treffen mit dem polnischen Partei- und Regierungschef mit den Worten begann: »Johannes Paul II., der mehr als drei Stunden lang ohne Dolmetscher mit Jaruzelski gesprochen hat...«

Im Jahre 1979 wurde *Margaret Thatcher*, die Vorsitzende der Konservativen Partei, zum ersten weiblichen Premierminister in der Geschichte Großbritanniens bestellt. Sie nahm ihre politischen Aufgaben mit solcher Tatkraft wahr, daß sie bald die »Eiserne Lady« genannt wurde und nachdem sie am Ende des Jahres 1980 bei einer überraschenden Regierungsumbildung mehrere Minister rücksichtslos aus dem Kabinett entfernt hatte, erklärte der Führer der Liberalen im Unterhaus: »Das war eine Nacht der langen Hutnadeln!«

Die Siebzigerjahre waren in ganz Europa im Zeichen tiefgreifender und weitreichender gesellschaftlicher Reformen gestanden. Während auf der einen Seite die Sozialgesetzgebung und damit auch der Kündigungsschutz immer mehr ausgebaut wurden, brachten auf der anderen Seite die Neuerungen im Familienrecht bedeutende Erleichterungen im Scheidungsverfahren. Das veranlaßte den Abgeordneten *Jean Fontaine* in der französischen Nationalversammlung festzustellen: »Heutzutage ist es bereits leichter, sich von seiner Frau zu trennen als von seiner Sekretärin.«

Die Emanzipation der Frau war nicht aufzuhalten, aber Frauen in der Politik hatten es nicht immer leicht. *Antje Huber,* die das Amt des Familienministers im Kabinett Helmut Schmidt bekleidete, nahm Anstoß an freizügigen Inseraten und Plakaten und erklärte in der »Bild«-Zeitung: »Wir müssen gesetzliche Vorsorgen treffen, damit die Frauen mit ihren körperlichen Merkmalen nicht länger in der Werbung mißbraucht werden.« Als der innerdeutsche Minister *Egon Franke* diese Erklärung seiner Kollegin Huber las, seufzte er: »Mein Gott, jetzt will sie uns diese letzte Freude auch noch nehmen!«

Große Reformen gab es im Schulwesen, wobei das Problem der sogenannten Gesamtschule heftig umstritten war. Ihre Gegner verspotteten sie mit folgendem ironischen Vergleich: »In der Hauptschule lautet die Aufgabe: Ein Bauer verkauft einen Sack Kartoffeln für 20 DM; seine Erzeugungskosten errechnen sich auf 16 DM. Wie hoch ist der Gewinn? In der Realschule lautet sie: Ein Bauer verkauft einen Sack Kartoffeln für 20 DM. 4/5 dieser Summe sind die Kosten der Erzeugung der Kartoffeln. Wie hoch ist der Gewinn? Im Gymnasium wird gefragt: Ein Bauer verkauft einen Sack Kartoffeln; der Marktpreis, den man erzielen kann, liegt bei 20 DM. Seine Kosten errechnen sich auf 4/5 dieser Summe. Wieviel Prozent kann er als Gewinn verbuchen? Und in der Gesamtschule heißt es: Für 20 DM verkauft ein Bauer einen Sack Kartoffeln. Für seine Arbeit, für Kartoffelsaatgut, für Maschineneinsatz und die Pflege des Kartoffelfeldes rechnet er pro Sack Kartoffel 16 DM; er hat also 4 DM Gewinn pro Kartoffelsack, und das sind 20 Prozent. Bitte unterstreiche das Wort Kartoffeln in dieser Rechenaufgabe und diskutiere es mit deinem Nachbarn.«

Europa mußte sich in den Siebziger- und Achtzigerjahren mit Flugzeugentführern, Geiselnehmern und Terroranschlägen auseinandersetzen. Nicht immer und überall wurde über Sicherheitsfragen so nonchalant diskutiert wie in jener ORF-Sendung »Im Journal zu Gast«, in der *Herma Kirchschläger*, die Gattin des österreichischen Bundespräsidenten auf die Frage nach den Sicherheitsvorkehrungen für das Präsidentenpaar antwortete: »Mein Mann beschützt mich, und ich beschütze meinen Mann.«

Allen Rückschlägen zum Trotz ist die Einheit der europäischen Völker vierzig Jahre nach dem Ende des Zweiten Weltkrieges im buchstäblichen Sinne des Wortes etwas Alltägliches. »Radio Holiday« hat dies auf eine einprägsame Formel gebracht, als es verkündete: »Ein Österreicher ist ein Mensch, der amerikanische Filme ansieht, nachher mit einem deutschen Auto nach Hause fährt, sich in dänische Polstermöbel setzt, schottischen Whisky trinkt und auf Schweizer Büttenpapier dem Finanzminister schreibt, er solle das Handelsbilanzdefizit in Grenzen halten.«

Vierzig Jahre nach Ende des zweiten Weltkrieges sieht sich dieser Kontinent auch mit neuen Herausforderungen konfrontiert. Der Minsterpräsident von Baden-Württemberg, *Lothar Späth*, hat auf sie hingewiesen, als er in einem »Spiegel«-Interview zitierte, was ein niederländischer Unternehmer auf einem Managemantforum in Wien erklärte: »Für die Japaner sieht die Rollenverteilung in der Welt im Jahre 2000 folgendermaßen aus: Japan liefert die Industriegüter, die Vereinigten Staaten die Lebensmittel und Europa ist die Diskothek und das Museum der Welt...«

Derartige Äußerungen zeigen, daß die Europäer gewillt sind, die Mahnung zu beherzigen, die ihnen *Sir Charles Popper*, der in Österreich geborene und in England lebende Philosoph, mit auf den Weg ins kommende Jahrtausend gegeben hat: »Wir müssen lernen, daß Selbstkritik die beste Kritik ist...«

Bildnachweis

1 Zeitgenössische Kreidezeichnung
2 Stich von Friedrich Wilhelm Bollinger
3 Karikatur von James Gillray. ÖNB
4 Karikatur über den „Kulturkampf". Aus „Kladderadatsch", Nr. 18, 30. Jg.
5 Zeitgenössische holländische Karikatur
6 Karikatur von Wilhelm Schuh. ÖNB
7 Karikatur von Karl Arnold. ÖNB
8 Karikatur von Lindloff. Aus „Kladderadatsch"
9 Karikatur von Stephen. Aus „France", 1941
10 Karikatur von H. E. Köhler, 1955
11 Karikatur von Cummings
12 Karikatur von Josef Blaumeiser. Aus „Zeitgenossen", F. A. Herbig Verlagsbuchhdlg., München 1977
13 Karikatur von Josef Blaumeiser. Aus „Zeitgenossen", op. cit.
14 Karikatur von Josef Blaumeiser. Aus „Zeitgenossen", op. cit.
15 oben: Karikatur von Rudolf Angerer. Unten: Karikatur von Fritz Wolf.
16 Karikatur von Walter Hanel.

Inhalt

LONDON
BRÜSSEL
PARIS
HELVETIA